善长于沟通的管理者，也可能善长于掩饰真正的问题。
——柯利斯·阿格利斯

我们沟通得很好，并非决定于我们对事情述说说得很好，而是决定于我们被了解得有多好。
——安得鲁S.葛洛夫

沟通的魅力

晨　天◎编著

一个人必须知道该说什么，一个人必须知道什么时候说，一个人必须知道对谁说，一个人必须知道怎么说。

沟通犹如演奏竖琴：既需要拨弄琴弦奏出音乐，也需要用手按住琴弦不让其出声。

汕頭大學出版社

图书在版编目（CIP）数据

沟通的魅力 / 晨天编著. -- 汕头 ： 汕头大学出版
社，2016.12
ISBN 978-7-5658-2802-7

Ⅰ．①沟… Ⅱ．①晨… Ⅲ．①人际关系学—通俗读物
Ⅳ．①C912.11-49

中国版本图书馆CIP数据核字（2016）第283693号

沟通的魅力　　　　　　　　　　　　　　　　　　GOUTONGDEMEILI

编　　著：晨　天
责任编辑：邹　峰
责任技编：黄东生
封面设计：浩晨·天宇
出版发行：汕头大学出版社
　　　　　广东省汕头市大学路243号汕头大学校园内　　　邮政编码：515063
电　　话：0754-82904613
印　　刷：永清县晔盛亚胶印有限公司
开　　本：720mm×1000mm　1/16
印　　张：15
字　　数：200千字
版　　次：2016年12月第1版
印　　次：2017年1月第1次印刷
定　　价：36.80元
ISBN 978-7-5658-2802-7

发行/广州发行中心　通讯邮购地址/广州市越秀区水荫路56号3栋9A室
邮政编码/510075　电话/020-37613848　传真/020-37637050

前　言

　　沟通的重要性不言而喻，然而越是这种大家都知道的事情，却常常越被人们忽视。企业内没有沟通，就没有发展，也就没有成功，所有的人最终会失去在这个企业中工作的机会。

　　在企业管理中，善于与人沟通的人，一定是善于与人合作的人；不善于与人沟通的人，也一定是不善于与人合作的人。善于与人沟通的管理者，能用诚意换取下属的支持与信任，即使管理过于严厉，下属也会谅解而认真地执行；不善于与人沟通的管理者，即使命令再三，下属也不愿意接受，其结果必然怠慢工作。这样的管理者肯定难成大气候，难有大作为。

　　通用电气公司首席执行官杰克·韦尔奇说："作为一个企业的领头人，如果在整个企业中只能听到他一个人的声音，那么他就已经失败了。"所以，建立畅通的内部员工沟通机制是一个企业拓展与产生活力的源泉。

　　如何倡导内部沟通呢？

第一要有平等的环境。如果沟通者之间无法做到等距离，尤其是主管层对下属员工不能一视同仁，其间所进行的沟通一定会产生相当多的副作用。获得上司宠爱者自是心花怒放，怨言渐少，但与此同时，其余的员工便产生对抗、猜疑和放弃沟通的消极情绪，沟通工作就会遭遇很大阻力。

第二要有充分理解之心，善于进行换位思考。如遇到破记录的高温天气，管理层到了第一线后，看到员工汗流浃背、奋不顾身的工作劲头，感动之余更要一分为二地看待出现的问题，多站在员工的角度，考虑改善一线员工的工作环境。管理者有时间就到基层转转，与普通员工聊聊天，一方面便于发现问题，一方面有利于倾听员工的意见和建议。

第三要鼓励沟通，提倡"有话直说""失言不咎"。关键是领导层要尊重下属员工意见表达，如果建议可行，要公开表扬，以示鼓励；即使意见不正确或建议不能被采纳也要认真倾听，肯定其主动性，从而获得更多的互相理解，为今后解决问题打下基础。当面指出你不足的人才是真正帮助你的人，有无数事例说明了这个道理。员工价值最大化，除了钱之外，还包括对员工的任用、培养、尊重和信任。诚心诚意地听取他的意见，不是最大的尊重和信任吗？有了这样的前提，沟通就容易一致，干起活来就顺当得多。

不管怎样，让企业所有员工的声音变成企业共同的声音，让企业所有人的智慧变成企业共同的智慧，这样的企业才能成为所有员工的企业，这样的企业才有永远不息的生命力。

目　录

第一章　有效沟通

有效的沟通不容忽视，因为每件事中都包含着沟通。注意，不是一些事情，而是每一件事！没有沟通就不可能做出决策，而信息只能通过沟通得到。

沟通的重要性 ································· 3

沟通的方式 ································· 6

沟通的方法 ································· 12

提高沟通的能力 ································· 16

平等沟通的重要性 ································· 21

沟通的效用 ································· 27

有沟通，才能合作 ································· 31

有沟通，才会有团队 ································· 36

第二章　如何做到有效沟通

如果你经常关心别人,并认为他们很重要,这无疑会增加你获得成功和幸福的概率,别人会因此而喜欢你。你必须向他们提供一些建设性的帮助,同时要具备与人沟通的技巧。知道如何帮助别人是一门艺术,一个人如果知道该怎么做的话,他肯定能获得别人的感情与尊重。

沟通是人际交往的第一要素 ……………………… 43

开拓不同的沟通领域 ……………………… 47

沟通能赢得胜机 ……………………… 51

主动与领导沟通 ……………………… 55

为沟通搭建一个平台 ……………………… 58

团队中沟通的重要意义 ……………………… 63

第三章 提高沟通的效用

当个体以群体方式联系在一起时，相互之间必须有一个渠道进行交流，这就是沟通。群体的工作效率与发展水平，在很大程度上取决于群体对信息的吸收和利用的程度，而这又离不开沟通手段的运用，沟通渠道建全与否，又会影响决策的有效性。

构建有效的沟通 ···················· 69

是什么妨碍了沟通 ················· 73

造成沟通障碍的原因 ··············· 78

克服沟通的障碍 ···················· 84

避免沟通中的矛盾冲突 ············ 87

沟通因性格而定 ···················· 92

第四章　沟通的学问

　　为沟通营造一种良好的润滑剂，只要有了这种润滑剂，人与人之间的沟通就能畅通无阻。流畅的沟通能促进企业文化和团队精神的建设，而企业文化和团队精神的建设也有助于沟通的流畅。

如何与下属谈话 …………………………… 99

沟通从微笑开始 …………………………… 102

赞美是沟通强有力的武器 ………………… 106

幽默沟通的艺术 …………………………… 111

上下沟通才能战无不胜 …………………… 116

和下级沟通的学问 ………………………… 119

第五章　职场中的沟通方法

　　沟通是团队建设和营造企业外围环境的重要手段，也是考核领导能力高低的一项重要指标。要重视沟通，要勤于沟通，也许每个人都会讲，但真正沟通起来又不是那么容易了。

与上司沟通的方法 …………………………… 127

与员工沟通的方法 …………………………… 132

与刺头员工沟通的方法 ……………………… 137

沟通氛围的搭建 ……………………………… 140

第六章　掌握沟通的技巧

　　当沟通已经成为社会生存的基本法则时，我们一定要培养沟通的习惯，牢牢掌握良好的沟通技巧，才能更清楚地了解别人，也了解自己，才能把事情干好。

记住每一位下属的名字 ……………………………… 145

非正式沟通的技巧 …………………………………… 149

沟通氛围很重要 ……………………………………… 152

沟通比权力更重要 …………………………………… 156

积极有效的沟通技巧 ………………………………… 161

和领导沟通的技巧 …………………………………… 167

第七章　沟通离不开倾听

> 倾听是弄懂所听到的内容的意义，它要求对声音刺激给予注意、解释和记忆。只有你掌握了这些方法，才能让良好的沟通能力为你的成功插上双翼。

倾听是一门学问 ················· 175

影响倾听的障碍 ················· 182

倾听是最有效的说话手段 ········· 186

下行沟通时的倾听的技巧 ········· 188

聆听员工的心声 ················· 194

做一个忠实的听众 ··············· 197

第八章　说话的艺术

对有挑战性的观点应该做出这样的回答:"我不同意你的看法,原因是……"而不应该说"你真无知"。只有如此,才能进行良好的沟通,而不会恶语伤人。

说服员工的技巧 …………………………………… 205

与员工说话的技巧 ………………………………… 211

说服的技巧 ………………………………………… 218

为说服而做好准备 ………………………………… 221

第一章
有效沟通

　　有效的沟通不容忽视，因为每件事中都包含着沟通。注意，不是一些事情，而是每一件事！没有沟通就不可能做出决策，而信息只能通过沟通得到。

沟通的重要性

沟通似乎是一个简单的过程，而且有时确实是这样。如果你没有学会沟通，无论是在你的日常生活中，还是在你的职业生涯中都会面临失败。如果你对此还有所怀疑的话，我们不妨来看下面这个沟通失败的例子，就会明白沟通的重要性。

作为圣迭纪念医院的护理部主任，珍妮·杨科维奇负责管理9名值班主管以及15名注册护士和护士助理。她讲述了这样一段亲身经历：星期一刚上班，她就意识到自己犯了一个极大的错误。

珍妮大约早上6:05来到医院，她看到一大群护士（要下夜班的护士和即将上早班的护士）正三三两两聚在一起激烈地讨论着什么。当她们看到珍妮走进来时，立即停止了交谈。这种突然的沉默和冰冷的注视，使珍妮明白自己正是谈论的主题，而且看来她们所说的不是赞赏之词。

珍妮来到自己的办公室，半分钟后她的一名值班主管迪·马考斯走了进来。迪·马考斯直言不讳地说道："珍妮，上周你发出的那些信对人们的打击太大了，使每个人都心烦意乱。"

"发生了什么事？"珍妮问道，"在主管会议上大家都一致同意向每个人通报我们单位财务预算的困难以及裁员的可能性。我所做的只不过是执行这项决议。"

　　"可你都说了些什么？"迪·马考斯显然很失望，"我们需要为护士们的生计着想。我们当主管的以为你会直接找护士们谈话，告诉她们目前的困难，谨慎地透露这个坏消息，并允许她们质疑。那样的话，可以在很大程度上减小打击。而你却寄给她们这种形式的信，并且寄到她们的家里。天哪！珍妮，周五她们收到信后，整个周末都处于极度焦虑之中。她们打电话告诉自己的朋友和同事，现在传言四起，我们处于一种近于骚乱的局势中，我从没见过员工的士气如此低沉。"

　　珍妮·杨科维奇犯了一个错误，或者应该说是两个错误。首先，她所寄出的信件显然未能成功地向员工们传达她的意图；其次，选择信件作为媒体传递她的这一信息是不合适的。有时以书面的形式进行沟通很有效，而有时口头交流效果更好。当珍妮回过头来反思这一举动时，她得出这样的结论：与许多人一样，她倾向于回避口头沟通，因为她对这种方式心存疑虑。遗憾的是，在这件事上，这种疑虑恰恰阻碍了她选择正确的媒体传递信息。她知道这一消息会使员工产生恐慌和不安定的感觉。在这种情况下，珍妮需要一种能保证最大清晰度，并能使她和主管们迅速处理潜在危机的方法来传递信息。最好的做法是口头传达，而把这种未曾料到的坏消息以信件的方式寄至员工家中，无疑是个极大的错误。

　　珍妮·杨科维奇的错误表明了重要的一点：沟通与管理成效密切关联，沟通上的失败会导致管理成效低下。

　　那么，什么是沟通呢？沟通包含着意思的传递。如果信息或想法没有被传送到接受者，则意味着沟通没有发生。也就是说，说话者没有听众或者写作者没有读者都不能构成沟通。

要使沟通成功，意思不仅需要被传递，还需要被理解。如果用收信人不懂的语言给其写信，那么，这封信不经翻译就不能称为沟通。沟通是意思的传递与理解。完美的沟通，应是信息经过传递之后被接受者感知与发送者发出的信息完全一致。

另外需要注意的是，良好的沟通常常被错误地解释为沟通双方达成协议，而不是准确理解信息的意思。如果有人与我们意见不同，不少人认为此人未能完全领会我们的看法，换句话说，很多人认为良好的沟通是使别人接受我们的观点。但是，沟通中却常常有"我可以非常明白你的意思却不同意你的看法"的情况。当一场争论持续了相当长的时间，旁观者往往断言这是由于缺乏沟通导致的，然而详尽的调查表明，此时正进行着大量的有效沟通，每个人都充分了解了对方的观点和见解。问题是人们把有效的沟通与意见一致混为一谈了，这就需要我们对沟通作出正确的理解，这也是我们后面接着需要讨论的。

沟通的方式

对管理者来说，有效的沟通不容忽视，这是因为：管理者所做的每件事都包含着沟通。注意，不是一些事情，而是每一件事！管理者没有沟通就不可能做出决策，一旦做出决策，还要进行沟通，否则，决策将无法实施。因此，管理者需要掌握有效的沟通技巧。当然，这并不是说仅仅拥有好的沟通技巧就能成为成功的管理者，但是我们可以说，低效的沟通技巧会使管理者陷入无穷的问题与困境之中。

1990年1月25日晚7:40，阿维安卡52航班飞行在南新泽西海岸上空37000英尺的高空。机上的油量可以维持近两个小时的航程，在正常情况下飞机降落至纽约肯尼迪机场共需不到半小时的时间，这一缓冲保护措施可以说十分安全。然而，此后发生了一系列耽搁。首先，晚上8:00整，肯尼迪机场航空交通管理员通知52航班的飞行员，由于严重的交通问题他们必须在机场上空盘旋待命。8:45，52航班的副驾驶员向机场管理员报告他们的"燃料快用完了"，管理员收到了这一信息，但在9:24之前，飞机没有被批准降落。在此之间，阿维安卡机组成员再没有向机场管理员传递任何情况十分危急的信息，但飞机座舱中的机组成员却相互紧张地通知他们的燃料供给出现危机。

9:24，52航班第一次试降失败。由于飞行高度太低及能见度太差，因而无法保证安全着陆。当肯尼迪机场指示52航班进行第二次试降时，机组成员却告诉管理员新分配的飞行跑道"不可行"。9:32，飞机的两个引擎失灵，1分钟后，另外两个引擎也停止了工作，耗尽燃料的飞机于9:34坠毁于长岛，机上73名人员全部遇难。

调查人员考察了飞机座舱中的磁带并与当事的管理员讨论之后，发现导致这场悲剧的原因正是沟通的障碍。为什么一个简单的信息既未被清楚地传递又未被充分地接受呢？下面我们对这一事件进行进一步的分析。

首先，飞行员一直说他们"油量不足"，交通管理员告诉调查人员这是飞行员们经常使用的一句话。当被延误时，管理员认为每架飞机都存在燃料问题。但是，如果飞行员发出"燃料危急"的呼声，管理员有义务优先为其导航，并尽可能迅速地允许其着陆。一位管理员指出，"如果飞行员表明情况十分危急，那么所有的规则程序都可以不顾，我们会尽可能以最快的速度引导其降落的。"遗憾的是，52航班的飞行员从未说过"情况紧急"，所以肯尼迪机场的管理员一直未能理解到飞行员所面对的真正困难。

其次，52航班飞行员的语调也并未向管理员传递有关燃料紧急的严重信息。许多管理员接受过专门训练，可以在这种情境下捕捉到飞行员声音中极细微的语调变化。尽管52航班的机组成员之间表现出对燃料问题的极大忧虑，但他们向肯尼迪机场传达信息的语调却是冷静而职业化的。

最后，飞行员的文化和传统以及机场的职权也使得52航班的飞行员不愿意声明情况紧急。当对紧急的情况正式报告之后，飞行员需要写出大量的书面汇报。另外，如果发现飞行员在计算飞行中需要多少油量方面疏忽大意，联邦飞行管理局就会吊销其驾驶执照。这些消极的强化因素极大阻碍了飞行员发出紧急呼救。在这种情况下，飞行员的专业技能和荣誉感可以变成赌注。

这是个非常惨痛的教训。对于一个飞行员来说，有过一次顺利的航行就是一次成功。学会沟通，相信你会在人生的航行中一帆风顺。

"沟通是个无底洞。"管理大师汤姆·彼德斯说，"人类的本性就是这样，为了使沟通更有礼节一点，时间更短一点，你必须努力与别人反复沟通。"我们需要有效的、积极的沟通，这也是实现有效管理、提高工作效率的工作方法。

其实，沟通本身可以无处不在。现代化的沟通手段比过去丰富很多，能使沟通随时、随地发生。然而，研究者发现，内部沟通中，至少有80%的会议、电话、面谈、发电子邮件属于分享信息，对行动没有帮助，不是为最后决策而沟通，如果对方对信息忽略的话，也不会造成严重后果，真正对实际行动有用的沟通可能不到20%，这就很容易出现所谓"议而不决，决而不行"的情况。

此外，工作节奏加快也使人们缺乏倾听的耐心，散布消息或快速搜寻对自己有用的信息成为沟通的主要目的，这也是谣言比正常渠道发布的信息快得多、传播范围广得多的重要原因：人们不愿意花时间认清本质，深入解决问题的进程。

工作中的沟通就是为了能让工作变得更简单、更有效，因此沟通也应该用最简单的方式。

沟通的方式多种多样，现着重介绍四种。

第一种：上行沟通

上行沟通是将下级的意见向上级反映。其作用是员工将愿望反映给老板，获得心理上的满足，从而激发他们的积极性和责任感；老板可以了解员工的一些情况，如对公司目标的看法、对老板的看法以及员工本身的工作情况和需要等，使老板工作做到有的放矢。员工直接向老板说出他的意愿和想法，就是精神上的一种鼓励，否则，就将怨气不宣，胸怀不满，满腹牢骚，怨声载道，从而影响工作。

老板应鼓励下级积极向上级反映情况，只有上行沟通渠道通畅，老板才能掌握全面情况，做出符合实际情况的决策。要做到这一点，要求老板要平易近人，令人乐于亲近，给大家提供充分发表意见的机会，如经常召开员工座谈会，建立意见箱，建立定期的汇报制度等，这些都是保持上行沟通渠道畅通的方法。

第二种：下行沟通

下行沟通是指上层领导把公司的目标、规章制度、工作程序等向下传达。它的作用，一是使员工了解老板的意图，以达到目标的实现；二是减少消息的误传和曲解，消除领导与被领导者之间的隔阂，增强团结；三是协调公司各层活动，增强各级的联系，有助于决策的执行和有效的控制。

为使下行沟通发挥效果，老板必须了解员工的工作情况、个性、兴趣、爱好，以便决定沟通的内容、方式及时机；老板要有主动沟通的态度，经常与员工接触，增强员工对老板的信任感，使其容易接受意见。在下行沟通的同时，要听取员工的意见，必要时作出改正，以增加员工的参与感。

第三种：平行沟通

平行沟通是指公司中各平行组织之间的信息交流。在公司中经常可以看到各部门之间发生矛盾和冲突，除其他客观因素以外，相互之间不通气是重要原因之一。平行沟通能够加强公司内部平行部门的了解与协调，减少相互推诿与扯皮，提高协调程度和工作效率。同时，还可以弥补上行沟通与下行沟通的不足。因此，保证平行组织之间沟通渠道的畅通，是减少各部门之间冲突的一项重要措施。

第四种：非正式沟通

（1）非正式沟通容易变成一种抵抗力量。

（2）非正式沟通因其不负责任，往往捕风捉影，以讹传讹，滋生谣言。

（3）非正式沟通往往是"舌头底下压死人"，钳制舆论，再加之冷嘲热讽，歪曲真相，孤立先进，打击进步。

（4）非正式沟通往往因为众口铄金，甚至法不责众，因而影响工作的推行。

（5）非正式沟通的非正式领袖，往往利用其影响，操纵群众，制造分裂，影响团结。

非正式沟通多数是随时随地自由进行的，它的内容是不确定的，沟通的方法也是千变万化的。某厂曾经做过这样一个试验：把写有"轻摇西湖小舟，缓缓划向溪流"的纸条装入信封，让30多名工人分组坐好，第一个人把信启封后，用耳语依次下传，直至最后一人，把传话的内容写下。有的组传丢了下句，有的组竟传成：
"你摇西湖小舟，我们划向汗流"。弄得大家啼笑皆非，无不愕
然。由此可以看出，这种非正式的沟通，很难正确地传递信息。它
掺杂感情色彩或个人因素，或捕风捉影，或节外生枝，或望文生
义，一传十，十传百，以讹传讹，越传越讹。正如俗话所说："锣
敲三锤必变音，话传三遍定走形。"

要想杜绝或堵住这种非正式沟通是不可能的，只能尽量减少
它。有时还可以巧妙地利用它，以达到如下目的。

（1）"吹吹风儿"，预先做好某种舆论准备，获得非正式群体
的支持，促进任务的完成。

（2）"透透气儿"，事先做好决策前的准备工作，即使是反面
意见也好，借以纠正工作的偏向。

（3）传递正式沟通所不愿传递的信息，如对某些恶意传言的警
告。

（4）把领导的意志变为团队成员的语言，起到正式沟通的作
用，实现领导的目的。

最后，我们还要注意到日常的沟通一定要简要直接。能站着沟
通，就不要坐着沟通。不讲套话，不讲多余的话，把最重要的信息
首先传达给对方，然后把需要讲的话说完就可以了。掌握一些有效
的沟通方法，对我们会有巨大的帮助。

沟通的方法

良好的沟通至关重要。那么搞好沟通简单吗？说不简单也不简单，因为人与人之间本来就很难捉摸；说简单也简单，那就是掌握好沟通的方法就会变得非常的简单。那么，沟通的方法有哪些呢？组织中最普遍使用的沟通方式有口头沟通、书面沟通、非言语沟通及电子媒介。

1. 口头沟通

人们之间最常见的交流方式是交谈，也就是口头沟通。常见的口头沟通包括演说、正式的一对一讨论、非正式的讨论以及传闻或小道消息的传播等。

口头沟通的优点是快速传递和快速反馈。在这种方式下，信息可以在最短的时间里被传送，并在最短的时间里得到对方的回复。如果接受者对信息有所疑问，迅速的反馈可使发送者及时检查其中不够明确的地方并进行改正。

但是，当信息经过多人传送时，口头沟通的主要缺点便会暴露出来。在此过程中卷入的人越多，信息失真的潜在可能性就越大。每个人都以自己的方式解释信息，当信息到达终点时，其内容常常与最初大相径庭。如果组织中的重要决策通过口头方式在权力金字塔中自上而下传递，信息失真的可能性相当大。

2．书面沟通

书面沟通包括备忘录、信件、组织内发行的期刊、布告栏及其他任何传递书面文字或符号的手段。

为什么信息的发送者会选用书面沟通？因为它持久、有形、可以核实。一般情况下，发送者与接受者双方都拥有沟通记录，沟通的信息可以长久地保存下去。如果对信息的内容有所疑问，过后的查询是完全可能的。对于复杂或长期的沟通事项来说，这尤为重要。一个新产品的市场推行计划可能需要好几个月时间的大量工作，以书面的方式记录下来，可以使计划的构思者在整个计划的实施过程中有一个参考。书面沟通的最终效益来自于其过程本身。除个别情况外（如准备一个正式演说），书面语言会比口头语言考虑得更为周全。把东西写出来促使人们对自己要表达的东西更认真地思考。因此书面沟通显得更为缜密，逻辑性强，条理清楚。

当然，书面沟通也有自己的缺陷。书面方式更为精确，但耗费了更多的时间。同是一小时的测验，通过口试你向教师传递的信息远比笔试多得多。事实上，花费一个小时写出的东西只需10~15分钟就能说完。书面沟通的另一个主要缺点是缺乏反馈。口头沟通能使接受者对其所听到的信息提出自己的看法，而书面沟通则不具备这种内在的反馈机制。其结果是无法确保所发出的信息能被接收；即使被接收，也无法保证接受者对信息的解释正好是发送者的本意。

3．非言语沟通

一些极有意义的沟通既非口头形式也非书面形式，而是非言语沟通。刺耳的警笛和十字路口的红灯都不是通过文字告诉我们信息的。教师上课时，当看到学生们的眼神无精打采或者有人开始翻阅校报时，无须言语说明，学生们已经告诉他，他们厌倦了，同样，当纸张沙沙作响，笔记本开始合上时，所传达的信息意义也十分明确，该下课了；一个人所用的办公室和办公桌的大小，一个人的穿着打扮都向别人传递着某种信息。不过，非言语沟通中最为人知的领域是体态语言和语调。体态语言包括手势、面部表情和其他身体动作，比如，一副咆哮的面孔所表示的信息显然与微笑不同；手部动作、面部表情及其他姿态能够传达诸如攻击、恐惧、腼腆、傲慢、愉快、愤怒等情绪或性情。语调指的是个体对词汇或短语的强调。

下面我们举例说明语调如何影响信息的意义。

假设学生问教师一个问题，教师反问道："你这是什么意思？"反问的声调不同，学生的反应也不同。轻柔、平稳的声调与刺耳尖厉、重音放在最后一词所产生的意义完全不同。大多数人会觉得第一种语调表明此人在寻求更清楚的解释；而第二种语调则表明了此人的攻击性或防卫性。

任何口头沟通都包含有非言语信息，这一事实应引起极大的重视。为什么？因为非言语要素有可能造成极大的影响。一名研究者发现，在口头交流中，信息的55%来自于面部表情和身体姿态，38%来自于语调，而仅有7%来自于真正的词汇。我们都知道动物是视我们怎样说而做出反应的，而不是对我们所说的内容做出反应，人类与此并无太大差异。

4．电子媒介

当今时代我们依赖于各种各样复杂的电子媒介传递信息。除了极为常见的有质媒介（电话及公共邮寄系统）外，我们还拥有闭路电视、计算机、复印机、传真机等一系列电子设备。将这些设备与言语和纸张结合起来就产生了更有效的沟通方式，其中发展最快的应该是电子邮件了。只要计算机之间以网络相连接，个体便可通过计算机迅速传递书面信息。存储在接受者终端的信息可以随时阅读。电子邮件迅速而节能，并可同时将一份信息传递给多人，它的其他优缺点与书面沟通相同。

提高沟通的能力

在西蒙顿的发现中，让人感到惊奇的是，很多政治和军事领导者是有智慧的，但也不全是这样。他解释道，除了必须具备的素质，比智商检测测出来的天资聪明更重要的，是卓越的沟通能力。人们感到杰出的领导者因为拥有沟通能力显得比实际更聪明，因为他们能构思出想法，并用势在必得的方式表达出来说服对方。

据一位作家说，甚至西格蒙德·弗洛伊德自己也认为，他所具备的影响才能有一部分应归功于沟通能力。这个作家说，弗洛伊德"有几分知识掠夺者的味道"。弗洛伊德会把他那个年代的其他杰出的思想家和科学家的观点拿过来，然后再娓娓动听地讲给别人。他会对一种观点发表文章、进行讲演，同时对最先提出者予以肯定。但不知什么原因，人们最后总是认为这是弗洛伊德的观点。让人记忆深刻的沟通是弗洛伊德成功的部分原因。几乎在每个领域里都有这样的事例。在我们这个时代，最受欢迎的总统都被人们公认为是沟通能力杰出的政治家，这绝不是偶然的。

怎样才能提高你的沟通技巧呢？购买有关沟通方面的书籍和录音带？到当地的社区大学去读无学分课？两者都是绝佳的选择。我们相信，对每一个商界人士来说，参加当地的演讲俱乐部是很好的选择，在那里你可以学到技巧，并受益无穷。

对于大部分人来说，这些都是很难实现的，但是，提高自己的沟通能力又是非常重要的。为此，下面提供给大家一些能够提高沟通能力的简单建议。

1．以最婉约的方式传递坏消息句型：我们似乎碰到一些状况。

你刚刚才得知，一件非常重要的案子出了问题，如果立刻到上司的办公室报告这个坏消息，就算不关你的事，也会让上司质疑你处理危机的能力，弄不好还会惹来一顿骂，把气出在你头上。此时，你应该以不带情绪起伏的声调，从容不迫地说出本句型。千万别慌慌张张，也别使用"问题"或"麻烦"这一类的字眼，要让上司觉得事情并非无法解决，而"我们"听起来像是你将与上司站在同一阵线，并肩作战。

2．上司传唤时责无旁贷句型：我马上处理。

冷静、迅速地做出这样的回答，会令上司认为你是一名有效率、听话的好部属；相反，犹豫不决的态度只会让任务繁重的上司不快，夜里睡不好的时候，还可能迁怒到你头上呢！

3．表现出团队精神句型：迈克的主意真不错！

迈克想出了一条连上司都赞赏的绝妙好计，你恨不得你的脑筋动得比人家快，与其拉长脸孔、暗自不爽，不如偷沾他的光。方法如下：趁着上司听得到的时刻说出本句型。在这个人人都想争着出头的社会里，一个不妒忌同事的部属，会让上司觉得此人本性纯良，富有团队精神，因而另眼相待。

4．说服同事帮忙句型：这个报告没有你不行啦！

有件棘手的工作，你无法独立完成，非得找个人帮忙不可，于是你找上了那个对这方面工作最拿手的同事。怎么开口才能让人家心甘情愿地助你一臂之力呢？送高帽、灌迷汤，并保证他日必定回报；而那位好心人为了不负自己在这方面的名声，通常会答应你的请求。不过，将来有功劳的时候别忘了记上人家一笔。

5．巧妙闪避你不知道的事句型：让我再认真地想一想，三点以前给您答复好吗？

上司问了你某个与业务有关的问题，而你不知道如何做答，千万不可以说"不知道"。本句型不仅暂时为你解危，也让上司认为你在这件事情上很用心，一时之间竟不知该如何启齿。不过，事后可得做足功课，按时交出你的答复。

6．智退性骚扰句型：这种话好像不大适合在办公室讲哦！

如果有男同事的黄腔令你无法忍受，这句话保证让他们闭嘴。男人有时候确实喜欢开黄腔，但你很难判断他们是无心还是有意，这句话可以令无心的人明白，适可而止。如果他还没有闭嘴的意思，即构成了性骚扰，你可以向有关人士举发。

7．不着痕迹地减轻工作量句型："我了解这件事更重要；我们能不能先查一查手头上的工作，把最重要的事情理出个优先顺序？"

首先，强调你明白这件任务的重要性，然后请求上司的指示，为新任务与原有工作排出优先顺序，不着痕迹地让上司知道你的工作量其实很重了，若非你不可的话，有些事就得延后处理或转交他人。

8．恰如其分地讨好句型：我很想知道您对某件案子的看法……

许多时候，你与高层要人共处一室，而你不得不说点话以避免冷清尴尬的局面。不过，这也是一个让你能够赢得高层青睐的绝佳时机。但说些什么好呢？每天的例行公事，绝不适合在这个时候被搬出来讲；谈天气的话，你又根本不会让高层对你留下印象。此时，最恰当的莫过于一个跟公司前景有关而又发人深省的话题。问一个大老板关心又熟知的问题，在他滔滔不绝地诉说心得的时候，你不仅获益良多，也会让他对你的求知上进之心刮目相看。

9．承认疏失但不引起上司不满句型：是我一时失察，不过幸好……

犯错误在所难免，但是你陈述过失的方式，却能影响上司对你的看法。勇于承认自己的疏失非常重要，因为推卸责任只会让你看起来就像个讨人厌、软弱无能、不堪重用的人。不过这不表示你就得因此对每个人都道歉，诀窍在于别让所有的矛头都指到自己身上，坦诚却淡化你的过失，转移众人的焦点。

10. 面对批语要表现冷静句型：谢谢你告诉我，我会仔细考虑你的建议！

自己苦心完成的成果被人修正或批评时，的确是一件令人苦恼的事。不需要将不满的情绪写在脸上，但是却应该让批评你工作成果的人知道，你已接收到他传递的信息。不卑不亢的表现令你看起来更有自信、更值得人敬重，让人知道你并非一个刚愎自用或是经不起挫折的人。

良好的沟通其实就这么简单，只要真心付出，就会有相应的回报。总的来说，有效沟通并不复杂，只要记住几个简单原则就可以了：一是，能用说的就不用写的，采取最简捷的方式；二是，尽量用面谈而不用转告，缩减中间环节；三是，要从对方立场考虑，使用大家都听得懂的语言。直截了当的沟通就是最简单的沟通方式，尽量省略一切中间的过程，以确保沟通的最佳效果。

平等沟通的重要性

现代企业越来越重视人文管理，所谓"人文管理"，其核心旨在塑造、协调人际关系，从而创造出极大的群体合力。它强调管理者与员工的平等沟通，以期达到战略上的某种默契。

众所周知，通信巨头华为在企业管理中始终把人文管理放在首位，其总裁任正非特别注重与员工的平等沟通及交流。一般情况下，企业的总裁在超越了具体事务管理之后，往往整天只考虑企业的发展战略，很难再与手下的干部和员工形成共鸣。现代企业"创新型管理"理论提出，总裁在不管理具体事务之后，要把管理重点回归到直接与每一个员工沟通的"人文管理"，即平等沟通。

现代社会，市场竞争激烈。世界五百强企业中，能坚持坐上十年的企业为数不多。

张瑞敏说："我每天的心情都是如履薄冰，如临深渊。"

柳传志说："我们一直在设立一个机制，好让我们的经营者不打盹，你一打盹，对手的机会就来了。"

比尔·盖茨说："微软离破产永远只有18个月。"

这些企业总裁，正是通过有效的"人文管理"的方式与企业的每一个员工交流，用真诚与激情感动员工，用危机和善言警示员工，从而达到消除员工与总裁等高层管理者隔阂的目的。在一个企业，任何一个成员，只需要面临自己有限的职位权利和责任，总裁却要为所有员工负责。沟通让每一个员工意识到，他们并不是孤立割裂的，管理者和员工之间是一个利益整体，从利益的角度来讲他们是平等的。在此基础上实现管理者与员工的平等沟通是企业在竞争中立于不败之地的法宝。

从华为成功的"人文管理"可以看出平等沟通在企业管理和企业发展中的重要性。

华为在2000年销售额达到220亿元，以29亿元人民币利润位居电子企业百强首位，在管理这家在中国"电子信息百强企业"排行榜上利润指标连续高居第一，利润率是海尔、联想的四到五倍的企业时，总裁任正非正是创造性地运用了"人文管理"的精髓。通过极富感染力的总裁讲话，实现上下级的平等沟通，协调着华为企业精神的凝聚力，从而有效地消除企业内耗。任正非是一个很少与媒体打交道的"神秘"总裁，但他的员工却能与其有着高度一致的企业意识，这正是得益于其与员工的平等沟通。

在企业的生产要素——人、财、物中，人是摆在首位的。美国著名的情绪心理学家拉扎勒斯提出，当前面临的事件触及个人目标的程度是所有情绪发生的首要条件，当该事件的进行促进个人目标的实现时，产生积极的情绪情感；反之，则会产生消极的情绪情感。

1. 平等沟通可以化解下属的抱怨情绪，可以创造奇迹

许多人际误会、矛盾乃至冲突都源于人际沟通障碍。一项调查表明，员工中80%的抱怨是由小事引起的，或者说是由误会引发

的。对于这种抱怨，管理者绝不能掉以轻心，一定要给予认真、耐心的解答，因为有时误会造成的裂痕是永远无法弥补的；另外20%的抱怨往往是因为公司的管理出了问题，对这种抱怨，管理者要及时与员工进行平等的沟通，先使其平静下来，然后采取有效措施，尽快加以解决。沟通在一定程度上可以化解下属的抱怨情绪，任何轻视沟通的念头都是错误的。

2．平等沟通还能激发员工的创造性和培养员工的归属感

平等沟通不是自然形成的，也不是一条行政命令可以解决的。管理者必须是平等沟通的积极倡导者，必须首先主动地找员工进行沟通，久而久之才能形成平等沟通的风气，才能激发员工的创造性，这一点可以从日本和美国企业的兴衰中看出来。

日本企业在20世纪七八十年代是非常成功的，被全球经济界引为典范。曾经有一个阶段，美国企业几乎对战胜日本企业失去了信心，甚至认为日本企业的管理是难以超越的。日本企业成功的因素有很多，其中有一条就是非常注意处理好员工和企业的关系，注重平等沟通，了解员工的需求。日本企业员工对企业的忠诚度非常高，非常敬业，而企业对员工也非常负责，通过平等沟通，企业对每一位员工几乎承担终生的责任。员工对企业献身式的效忠，的确是企业取得成功的重要因素。近十年日本的经济和企业出现了比较大的问题，原因主要是经过那么多年的发展，大企业弊病已经非常严重了，管理层次众多，影响了沟通的速度和效率。

而在这十年美国创造了一个新的经济奇迹，经济连续增长了（当然最近有点不大好的迹象）。美国经济能够持续增长最重要的

因素就是注重企业的创新精神和保持活力，充分发挥每一个员工的潜能。在新兴的高科技产业里，企业的竞争力就体现在员工的活力上，而不是生产的制造力上。日本人加班比较多，但如果一个人坐在那里脑筋不动起来，每天做12个小时也没用。能把他的创造力激活起来，坐在那里5分钟就能想出一个好的主意来，就能为公司创造效益。把每个员工的活力、激情、创造力发挥出来，这就是美国企业成功的最重要因素。要做到这一点就要在企业内部建立一种平等沟通、充分参与和勇于承担责任的气氛，这恰恰是日本企业缺乏的。

微软大中华区OEM的总经理侯凯文讲了这样一件事。有一天他从美国飞到中国，侯凯文在机场签票时看到了鲍尔默，简直有点不大相信，堂堂一个微软的总裁，竟是独自一人带着一个行李包飞到中国，没有任何随员。在香港飞利浦总部开会时，飞利浦的全球消费电子总裁也是一个人拖着行李箱从机场赶来，4个小时的会议之后自己接着飞往北京。由此可见他们企业内部已经形成一种非常平等的氛围，领导并没有高高在上。只有形成了这种非常平等的氛围，才能激活员工的活力和创造力，员工才能感受到自己的贡献被重视和承认，才会有愿望承担更大的责任。

3．平等沟通对留住人才也起着不可忽视的作用

如果一家公司的管理层人员，都能放下自己的架子，公司的员工离职率肯定会降低。美国DAHON企业的总裁韩德伟博士，在这方面就做得很出色，他一到中国的分公司，不管有多忙，都要找员工到办公室或一些娱乐场所聊天，哪怕是面对满身油腻的车工，只

要是公司的一分子，他都一视同仁，提供与大家沟通的平台。当了解到员工的所需所求，听到员工的真实声音之后，韩博士便耐心地去为他们办实事，这种爱才惜才的举动，让全公司的每一个员工佩服，致使员工十几年都不愿离开公司，甚至有员工连跳数次槽后，还是觉得这个公司好，又要求回到原工作岗位。看来，DAHON公司的折叠自行车之所以畅销欧美30多个国家，一举成为行业的领跑者，这与公司管理层的有效沟通而留下这批老员工有很大关系。

众所周知，这是一个沟通的时代，目前绝大多数企业的高级管理层能与员工平等沟通的极为少见，有的员工在公司里辛勤工作数年，连老板的面都没见过，更不必谈什么沟通了。这种上层听不到下层的声音，下层难以向上层反馈的状况，便造成了许多的误解和隔阂，久而久之，就影响了绩效。然而，企业的成功与否，往往就是取决于不同的专业人员间能不能有效地分享其经验与心得。总之，断层式的沟通在企业的运作中应该尽量避免，这是能否留住人才的关键点。

4．平等沟通能增强管理的穿透力

管理的穿透力是指透过管理者的部属，使下属主动完成工作的能力，实际上就是管理者对下属的真实领导力。管理的穿透力强调下属工作的主动性，强调管理者对下属领导力的真实性。管理者与下属平等沟通，有助于管理者与下属换位思考。如果管理者在与下属沟通时能够站在下属的立场来理解他们，体会下属的辛苦，就更能增强下属对工作、对管理者的认同感。而他们的认同形式往往是在自己的岗位上做好自己的工作，实现自己的价值。

我们知道，来自芬兰的全球最大移动电话生产厂商诺基亚，它的"科技以人为本"的品牌宣言和企业文化已经深入人心，而诺基亚（中国）投资有限公司施行的基于公司价值观和企业文化的人力资源管理体制同样真正践行了这一点。

在诺基亚，管理层非常看重团队合作和平等沟通，分享是他们企业管理中非常重要的方面。公司鼓励领导干部带动团队参与决策过程，在主要环节上取得一致，并将最终决策及其原因在公司不同的层面和部门之间充分沟通。这让他们自身的价值得以实现，从而真正调动了他们的工作积极性，激发他们的团队合作精神。大家互相支持，平等沟通，实现管理者对下属的真实领导，就是诺基亚企业文化的优势所在，也是诺基亚价值观的完美体现。

既然沟通如此重要，那么究竟如何去沟通，怎样去交流，就不是一句话说想沟通就沟通那么简单的了。企业沟通的关键在于管理层，在于企业的一把手对沟通的重视程度。沟通的方式、方法都直接关系到企业能否健康、和谐地发展。企业要稳定，要发展，企业管理者首先要学会沟通，善于沟通，与员工平等沟通，如实沟通。

沟通的效用

沟通似乎应该是一件很容易的事，但却是你我必须掌握的最艰难的任务之一。如果你缺少了沟通，就会被别人钻了空子，结果会给自己带来失败，甚至是命丧黄泉。我国春秋时期，就有晏婴与齐景公进行有效沟通，设计除掉公孙无忌、田开疆、古冶子三名勇士的典故。

春秋时期，齐国有公孙无忌、田开疆、古冶子三名勇士，他们皆有敌万人之勇，立下许多功劳。但这三个勇士自恃功劳过人，非常傲慢狂妄，别说一般大臣，就连国君也敢顶撞。

当时晏婴在齐国为相，对这三位很是担心。因为他们勇武过人，但没什么头脑，对国君也不够忠诚，万一受人利用教唆，则必成大患。晏婴与齐景公商议，决定设计除掉这三人。

一日鲁昭公来访，齐景公设宴招待，晏婴献上一盘新摘的、鲜美的大桃子。宴毕，还剩下两只桃子，齐景公决定将两只桃子赏给臣子，谁功劳大就给谁。当然，这就是晏婴的计谋。

若论功劳，自然是三勇士最大，但桃子只有两个，怎么办？三人各摆功劳，互不相让，都要争这份荣誉，其中两个先动起手来，一个失手杀死另一人后，自觉对不住朋友，自杀而亡，剩下的一位见闹成这个样子，三人为了两只桃子而死去两个，不愿独活，也当场自杀。

这样，齐景公就去掉了心头大患，这就是历史上有名的"二桃杀三士"的故事。

从这个故事可以看出，人一旦失去了沟通，就会被人利用，就会做出冲动的事情，这个血淋淋的实例不但说明了冲动的杀伤力，更重要地说明了缺少沟通的危害性。缺少了沟通，就会使自己失去做事的沉稳，就会做出过激的反应。

沟通是一个复杂的过程。有时，人们不诚恳的交流使得事情更加错综复杂。让交流产生困惑的原因还有：我们的用词不清晰易懂，有时几乎是含糊不清，最该表达清楚的地方往往表达不清楚。

为了参加一个即将在欧洲召开的研讨会，某公司的一位副总裁到公安局重新申请他的护照。那位副总裁问公安局的一位负责人，什么时候可以收到新的护照。公安局负责人的答复让那位副总裁很感兴趣。"25个工作日。"因为在这位副总裁听来，他可以肯定这是一个非常谨慎的职业性的回答。实际上是5个星期，但是"25个工作日"听起来是那么受听。公安局的负责人的回答给副总裁最初的印象可能会是："什么，还不到1个月？"

这就是沟通产生的效应，当我们希望一个事实在没有说谎的前提下处于朦胧模糊的状态时，我们可以巧妙地措辞。在这个人际交流频繁的社会，语言沟通已经变成了一门艺术。然而，对今天的社会来说，比巧妙地措辞具有更大危害性的就是我们语言的快速贬值。为了避免这个错误的产生，我们对一些成功团队中的人士的经历进行了研究，结果发现善于交流沟通的团队中的成功人士都有一些共同的特点。

　　1．不自我封闭。团队成员们越了解整个团队的目标和行动的方式，就越能相互理解。他们越相互理解，就越能关心他人，关心整个团队。有感情、善于沟通、能广泛联系他人的队员是团队的财富。

　　2．善于与队友沟通。相互接触，就会增进彼此的理解。

　　3．遵循24小时原则。一些人不愿直面矛盾，总想尽量避开冲突，怯于当面沟通，幻想依靠时间的推移淡化矛盾，这是不能解决问题的。人们一般不能从对方的角度看问题，总是将好的一面归于自己，将坏的动机归于他人。由于没有得到及时的交流沟通，相互关系往往会更加恶化。这就需要遵循"24小时原则"，如果你与队友发生摩擦、闹不愉快，要尽快想办法解决，不要超过24小时。实际上，你与队友交流沟通得越早，你们的关系就会越好。

　　4．注意那些可能出现麻烦的关系。良好的关系需要花精力去培养，要特别注意那些可能出现麻烦的关系。正如亚里士多德所说的："友情是一个慢熟的果子。"

　　5．将重要的交流记下来。越难的交流，就越需要清楚简练地用笔、纸记录下来，这就如同新婚誓言、球队日志、商业合同等。

　　在西点军校里，你来自于哪个国家，你的家庭背景怎么样，这一切都并不重要，重要的是你在战场上能够与队友去沟通并产生"化学反应"。

　　"有很强的沟通能力并善于与他人合作"已成为企业在招募员工时对应聘人员素质的重要衡量指标。团队精神是现代企业成功的必要条件之一。能够与同事友好合作，以团队利益至上，就能够把你独特的优势在工作中淋漓尽致地展现出来，也自然能够引起老板的关注，否则很难在现代职场立足，因为"独行侠"时代已经一去不复返了。

一个优秀团队的凝聚力和竞争是不容忽视的，没有一个企业希望自己的员工是一盘散沙，个个都好单打独斗。

有沟通，才能合作

掌握基本的沟通与合作技巧是每个人应该有意识学习的。成功的人大多数都具有与人合作的精神，因为他们知道个人的力量是有限的，只有依靠大家的智慧和力量才可能办成大事。那么，合作有哪些魅力呢？

美国著名人际关系专家彭特斯在《合作的六大习惯》一书中说："合作的可能性只有一条:站在同一立场上。"这句话该怎样理解呢？

现实社会中，有的人人缘好，人们都愿意与他合作；而有的人正好相反。其实这不是人缘的问题，而是由合作中对合作技巧的掌握是否熟练所造成的，也是一个人是否拥有良好的合作习惯的体现。

合作也有技巧，技巧首先是从自身开始的。

帕诺是一位立志成事的青年人。他在获知这项真理之前，损失了不少赚钱机会。他是精装图书行销商，主要从事美术设计图书的推销。每个礼拜，他都要去拜访首都的几位著名的美术家。这些人从来不拒绝见他，但也从来不买他的书籍。他们总是很仔细地翻看他带去的图书，然后告诉他："很遗憾，我不能买这些图书。"

经过多次失败，帕诺感到有些奇怪。于是他就去和一位学习心理学与人际关系学的朋友聊天。这位朋友仔细问了他推销的经过后对他说："你把他们给镇住了，所以他们不敢买。"

帕诺应该是个很敬业的小伙子，他原来就有较为不错的美术功底，但他说话缺少技巧。每次推销时，他都是很热情地告诉对方："这一部画册你一定没有见过，它是一本最……图书。"朋友告诉他："你不妨把书送上门，让他们自己去品评。"

帕诺自己也省悟到过去的方法有些不妥。于是他又带着几本画册经朋友介绍，去了一位新客户家中。到了那里后，他并不忙着推销书籍，而是左顾右盼，用心欣赏这位美术家朋友的美术作品。对一些不懂的地方，他总是及时提出来请教这位美术家。

这位美术家来了兴致，不知不觉中，两人已经聊了两个多小时。最后，帕诺请教这位美术家道："以您这么多年的美术设计经验，你能否帮我看一下这几本书，看看它们中到底哪一本更实用、更权威。"

因为时间不多了，两人约定第二天再见面。第二天，帕诺再去取书时，这位美术家已经认认真真地打了一份评价意见。字数不多，但是很中肯。帕诺谢过了这位美术家，这位美术家主动告诉帕诺："我自己想订购几本这种画册。另外，我和我几个朋友都联系了一下，他们也愿意看一看。"

帕诺听了表示感谢，并在这位美术家的引见下，一下子又推销出了好几套大型画册。

帕诺后来说："以前我只忙着介绍图书，总认为他们没见过的就一定是他们需要的。现在我才明白，如果虚心请教他们，他们会觉得你是把他们当专家来看待。他们觉得这些图书是通过他们自己的眼光鉴别出来的。用不着我去向他们推销，他们自己会买。"

合作的技巧其实很简单，就看你是否愿意掌握它，如果总觉得自己如何了不起，而不去考虑别人的感受，是不会受到别人欢迎和喜欢的，当然就不会有人缘。

作为团队中的一员，你可以从以下几个方面培养自己的团队合作能力。

1．寻找团队积极的品质

在一个团队中，每个成员的优缺点都不尽相同。你要主动去寻找团队成员中积极的品质，学习它，并克服你自己的缺点和消极品质，让它在团队合作中被弱化甚至被消灭。

团队的气氛并不是取决于某一个人的品质，而来自于多数和优势的品质。只要去寻找积极品质，那么这种优秀品质是可以潜移默化，感染到团队中的每一个人的。那么团队的协作就会变得很顺畅，工作效率就会提高。

2．尊重并欣赏你的团队伙伴

每个人都有被别人重视的需要，那些具有创造性思维的知识型员工更是如此。有时一句小小的鼓励和赞许，就可以使他释放出无限的工作热情。

3．时常检查自己的缺点

你要时常检查一下自己的缺点，比如，态度还是不是那么冷漠，言辞还是不是那么锋利。在单打独斗时，这些缺点的劣势可能还没有那么明显，但在团队合作中，它会成为你进一步成长的障碍。

团队工作需要成员的相互磨合，如果你固执己见，无法听取他人的意见，或无法和他人达成一致，团队的工作就无法进行下去。团队的效率在于配合的默契，如果达不成这种默契，团队合作就不可能成功。

如果你能时常检查自己的缺点，就会发现很多问题，那么不妨将它坦诚地讲出来，承认自己的缺点，让大家共同帮助你改进，这是最有效的方法。虽然，当众承认自己缺点可能会让你感到比较尴尬，但你不必担心别人嘲笑，因为一般人都会给予你理解和帮助的。

4. 要培养自己的亲和力

你的工作需要得到大家的支持和认可，而不是反对，所以你要培养自己的亲和力，让大家接近你。但一个人又如何培养自己的亲和力呢？

除了和大家一起工作外，你还要尽量和大家一起去参加各种活动，还要关心大家的生活。总之，你要使大家觉得，你不仅是他们的好同事，还是他们的好朋友。

5. 保持足够的谦虚

任何人都不喜欢骄傲自大的人，骄傲自大的人在团队合作中不会被大家认可。你可能会觉得自己在某个方面比其他人强，但这并不足以成为你骄傲的资本。因为团队中的任何一位成员，都可能是某个领域的专家，所以你必须保持足够的谦虚。将自己的注意力放在他人的强项上，只有这样，你才能看到自己的肤浅和无知。

谦虚会让你看到自己的短处，这种品质会促使你在团队中不断地进步。

　　如果你能按照上述方法坚持做下去，相信一定能成为一名具有团队精神的优秀员工。

有沟通，才会有团队

经营管理顾问考克思曾经说过："团队管理者最需要做的就是发展与维系一个畅通的沟通管道。"

团队之所以是团队，需要个体之间的互动，需要不断地沟通与交流。在西点军校里，需要学员之间的彼此沟通，这样才能在战斗中如行云流水般配合。按西点人的说法，沟通就是要找到他们之间的化学反应，只要化学反应产生了效果，学员之间的团队精神就会始终贯彻到底。

简而言之，团队的成功源于团队成员们相互交流沟通，使得团队形成巨大的合力。没有交流沟通，就不能组成一支强有力的团队，相反只能是一个松散的合体而已。同样，一个好员工应该是一个善于沟通的员工。

王然是一名软件公司的办公室秘书，她的上司是一位果断型的人，他对人讲话总是不自觉地有一种咄咄逼人的味道。

每次开例会的时候，他都会大声对王然说她有什么事情应该做而没有做！这导致王然工作的时候非常紧张，特别是当经理一站在她的身边问话，王然就感到脑子里一片空白。"这样在他的面前我就像一个白痴！"面对心理问题专家，王然感到很委屈："我不能和他讨论任何问题，我不知道他为什么这样对我！真想换一个工作。"

其实，在我们的职业生涯中，很多人都会遇到和王然类似的情况，但换一个工作是否能够真正地解决问题？不用专家建议我们都知道这是不可能的。

对这类个案我们首先应该让自己远离一种"受害人"的角色。所谓"受害人"是指我们总认为别人是在针对自己，特别是顶头上司。如"他总是大声指责我！""我几乎不敢和他交流！"等。

在分析了王然所处的情况后，专家提示：我们首先应该弄清楚老板真正的用意。因为一旦你认为老板是在针对你个人，那么以后你就很难和他进行有效的交流，只会加剧问题。在你最终决定采取行动的时候（比如辞职），你应该回头看看作为一个老板，他这种表达方式的用意是什么。

后来，在接受并尝试了心理问题专家的建议后，王然明白她的上司作为一名出色的行政人员，只是认为这种咄咄逼人的谈话方式令他的工作更加有效率。

王然解释，"尽管我依然不喜欢，但我自己感觉舒服多了"。甚至有一次她很坦率地告诉上司："我想你可能没有意识到这一点，但是每当你提高声音对我说话，反而让我没办法很好答复你问题。"结果，虽然王然的上司依然用那种方式讲话，但他们之间的关系融洽了很多。

所以，怎样与人沟通是重要的，与谁沟通也是重要的，但如何去沟通就是一个更重要的问题。只要你懂得了沟通，你在工作中就会找到快乐。

那么，我们如何才能使沟通顺利进行呢？

1．每周一次团队内部沟通

让团队成员知道团队这一周的销售情况、重要交易、经营业绩和重大事项，这可以使员工及时了解团队的情况，尤其是那些振奋人心的合同、业绩、人物和事件，能够很大程度上鼓励和刺激员工，激发大家的荣誉感和归属感。

建议可以由团队领导者的名义进行通知，如果是大型团队，则可以通过局域网或发电子邮件的形式；如果是小型团队，则可以在每周的例会上进行传达。

2．每周一次的上下级沟通

每周一次的沟通不仅可以及时发现工作中的问题，而且可以增进双方的感情和关系。沟通并非"独角戏"，而是"交际舞"，需要双方密切配合。

一方面，要求领导能够循循善诱，让员工打开心扉，畅谈工作中和思想上的问题和建议。

另一方面，也要求员工能够开诚布公，畅所欲言。

有些领导不善于沟通或者不屑于沟通，其实有效和及时的沟通不仅能解决许多工作中现存的和潜在的问题，更能激发员工的工作热情，形成和谐的团队。

3．使工作更有挑战

没有人喜欢平庸，尤其对于那些年轻、干劲十足的员工来说，富有挑战性的工作和成功的满足感，比实际多拿薪水更具激励作用。因此，管理者要根据员工的要求，适当地进行授权，让员工参与更复杂、难度更大的工作，这样一方面是对员工的培养和锻炼，另一方面也提高了员工的满意度。

4．设立导师制度

对于新进员工来说，熟悉团队各项制度，掌握工作方法和认同团队文化的速度，主要取决于老员工对新成员的接纳程度。

我们建议对新进员工采取"导师"制度，由一名老员工带一名新员工。这样做一方面可以使新员工尽快地熟悉岗位职责和技能要求，另一方面也是对老员工的一种工作激励。因为从心理学的角度来说，人都有帮助别人的愿望和要求，让老员工做新员工的"导师"，体现了团队对老员工的重视和尊敬，让老员工在心理上有一种满足感和荣誉感。

5．制订弹性的工作计划

传统目标管理的办法，是自上而下进行的，优点是可以将团队目标层层分解，落实到具体的岗位；缺点是缺乏灵活性，目标相对是固定的。但外界环境的变化导致目标的不可行或者无法完成，从而引起考核者与被考核者的矛盾。

为了解决这样的矛盾，管理者要充分授权，给予员工更大的权利和空间，可以让员工制订弹性的工作计划，自己来安排完成任务的时间和方式，并可以在一定程度内进行目标调整，从而充分调动员工的积极性，激发员工的工作热情和创造性。

6．建立员工兴趣小组

可以组建各种兴趣小组或俱乐部，比如书画小组、棋牌小组、文艺小组等，并组织大家定期举行活动，团队给予一定的经费支持。这样的兴趣小组能很好地增进各部门之间员工的交流，提高和谐度和增强凝聚力。

7．组织大家进行休闲娱乐活动

团队可定期举行各种比赛，如篮球赛、乒乓球赛等，不要以为只有大公司可以举办这样的活动，对于那些小企业，也可以在周末举办这样的比赛，或者跟自己的客户一同举办，不仅可以提高员工之间的交流与合作，还可以增进与客户的关系。

另外，由团队组织的郊游、聚餐，不仅可以增进沟通，激励员工士气，提高员工满意度，也可以培养团队精神，塑造团队文化。因此，团队应该有一定的经费预算，鼓励员工结队出行。

8．提供便利的设施和服务

为了方便员工的工作和生活，公司可以设立一些福利性的机构和设施。

比如洗衣店、幼儿园、便利店、班车、饮水间、休息室、心理咨询室等，可以提高员工的工作满意度和对团队的归属感。便利设施需要一定的投入，并且需要运营和维护费用，建议公司可以与外部机构合作，尽量不要分散自己在主要业务上的资源和精力，原则上是量力而行，不以赚钱为目的，并确保服务的质量，否则就会适得其反。

当然，沟通的方式很多，只要我们采取了对工作有利的方式就可以了，只有这样，才能提高员工的满意度，增强团队的活力和凝聚力，从而在无形中激发每一个员工的潜能。

第二章
如何做到有效沟通

　　如果你经常关心别人,并认为他们很重要,这无疑会增加你获得成功和幸福的概率,别人会因此而喜欢你。你必须向他们提供一些建设性的帮助,同时要具备与人沟通的技巧。知道如何帮助别人是一门艺术,一个人如果知道该怎么做的话,他肯定能获得别人的感情与尊重。

沟通是人际交往的第一要素

不管你在这个竞争激烈的社会里与人沟通交流的能力有多强，你都必须学会在各种正式和非正式的场合抓住进行人际交往沟通的机会。只有这样，你才能通过与人的交往了解自己的优势和劣势，才能在成功的道路上扬长避短，从而轻松地走进成功的殿堂。

每次在欣赏音乐会时，总会看到指挥接受掌声和鲜花。那么，乐队不要指挥可以吗？这个问题在很多年前就有人提出了。前苏联有个乐队没有指挥，演出照样很精彩、很成功。可是，这个乐队我们还是不知道名字。为什么呢？因为没有指挥。现今我们所知道的著名乐队，其实都对应着驰名世界的指挥。指挥到底在整个乐队中起什么作用呢？沟通。

乐队里有小提琴、中提琴、大提琴、鼓、号、钢琴和一些其他的专门乐器。演奏人员都应完成好自己的任务，协调则是由指挥完成。指挥让乐队按照乐谱有条不紊地演奏下去，这与管理者领导一个公司的运作有着何其巨大的相似啊！而一个善于与同事、部门沟通的人正是公司所不可缺少的。那个前苏联的乐队最后还是解散了。因为没有指挥，所以在每个乐曲演奏前都要全体集合进行讨论和彩排。虽然没有指挥，却使每个人都成了半个指挥，并且精神高度紧张。最后，只有解散，因为人的精力毕竟有限。

进入公司的人都希望自己有朝一日会有所成就。这并不是野心，而是一个有着强烈事业心的人的正常追求。而公司对于人员的使用和提拔则是一步步来的。也就是我们俗话所说的"媳妇熬成婆"。经理大多数都是从最基层的职员做起，也都是在工作中逐步完善自己的专业知识，在和同事交往中慢慢培养自己的合作能力，在具体的事务中渐渐锻炼自己的沟通能力。一个对公司不可或缺的人，一定要具备这几种能力。这不仅能让你有效地与公司的整体结合，也有利于员工自身的发展。让公司需要你，你才能得到发展的空间。一个具有一定业务水准的员工、一个善于与他人协作的员工、一个能与他人高效沟通并能融入公司的员工，才是合格并有前途的员工。

生存不难，但能够以优胜者的姿态生存并不容易，这些靠我们自己去努力争取。我们要依靠工作来完成自己的目标，这一前提首先是你应该让公司需要你，让自己有个展示自己能力的平台。

作为一名团队领导，你应该创造一种积极的沟通氛围。只要有可能，尽量将谈话安排在私人场合，这种场合你们的谈话不会被别人听到。如果你们是在一种开放的空间内，你最好建议到附近一个更适合的地方。你要确保这个地点很安静，这样你们两个人都可以用正常的语调说话。要有技巧地倾听，同时注意下属的身体语言，才能找出真正的原因，不要让周围的东西（例如噪声）分散你的精力，要努力建立双向的信息沟通渠道。尽量不要让对话受到电话等的干扰。

如果下属在一个尴尬的时间和地点找到了你，你无法保持一种适当的语调，应尽快重新安排一个合适的时间，要向下属说明这种投诉对你十分重要，一定会给予足够的重视。有时抱怨的员工天天带着新的投诉到你的办公室里来，这种下属可以耗尽你的耐心，让你无法认真倾听。有时这些下属只是想争得你的注意。在这种情况下，如果他们得到了足够的重视，他们就会停止投诉。如果这种投诉还在继续，这种下属持续很久的投诉确实需要倾听且认真解决，你可以采取下列方法加以处理。

1．专心倾听

这通常是一个由下属发起的谈话。给予下属足够的重视，将会谈安排得尽量像私人对话一样。下属可能会立即向你提出许多问题。专心倾听，用你其他的感官去捕捉下属身体语言，一定要了解下属的感觉和这种感觉的后果。一定要小心，不要做出生气或有敌意的反应。通过专心倾听和反应，你可以和下属很好地沟通。当下属感觉你在注意听，他就会感到放松，而且会表述得更清楚些。

2．了解投诉的所有细节，做笔记

询问投诉的每一个细节、时间、地点、环境、其他在场的人等。一定要保证你获得了解决这一情况所需的全部信息。

但要注意，不要在这一步骤中评价下属的投诉。通过专心倾听，你可以获得所有的细节。一定要做详细记录以备以后参考，这些记录对解决问题非常有好处。

3．作出反应，说明你已了解了问题

重复每一个细节，在谈论问题的其他方面时对每一个细节都已掌握。注意当下属不同意你的表述时，所做的语言或非语言的表示。如果你发现下属根本不同意你的表述，要立即澄清事实。努力倾听下属的话，可以维持或强化他们的自尊心。

4．坦诚地表明你的立场

记住，该说的都说了，该做的都做了，解决问题的责任都落在了你的身上。你专心倾听使你易于理解下属在事件中的立场。但是，如你所知，每一个事件都有两个立场。只有你考虑到事件对整个团队的影响后，才能够处理这种投诉。要很诚恳地说明你的立场，说明你是就事论事。要针对投诉本身和它的影响，不要针对下属的个性发表意见。这样，你可以做出一种客观的反应。你有技巧的反应会维持下属的自尊心。

5．要询问下属如何处理投诉

一定要让下属参与解决，你会获得他的承诺。如果问题很复杂的话，要和下属一起工作，以确定要采取的第一步，同时说明你解决问题的意图。

确定下次会议的时间，看看解决的效果。如果第一次会议上拿不出解决的方案，明确下次会议的具体步骤。可能的话，在下次会议之前让下属搜集更多的信息，对其他人的影响，以及可选择的解决方案等。

6．下属的投诉将会提醒你注意，对此应表示谢意

通过对下属表示谢意，说明下属对问题的看法向你提供了有价值的建议。下属知道你高度评价了他在解决问题时所付出的努力时，会在出现别的问题时更努力。通过强调团队工作的重要性进一步加强下属的自尊心。

开拓不同的沟通领域

怎样与人沟通是重要的，与谁沟通也是重要的，不要仅仅把自己接触的圈子局限在自己所在的领域，一定要参加一些其他的人际交流会议，要努力去结识自己所在公司的其他部门的人，通过各种方法，不要忘了自己家人的同事可能也会对你所有帮助。在有必要的情况下，你还可以同以前的同事、下属以及客户保持联系，也不能忽视一些猎头公司对你的影响，因为这些公司通常都有从事招聘工作的人力资源方面的合作伙伴。

在同各家公司的管理人员进行面对面的接触之前，你可能需要先通过电子邮件来同他们进行沟通，要等上几个月的时间。在有了前面的沟通之后，如果你提出见面的要求，大多数管理人员是能够在喝咖啡的时间挤出五分钟给你的。如果他们对你说自己所在的公司至少在未来的半年之内没有招聘计划，你该怎么办？微笑，告诉他们到时你会再来与他们沟通。

沟通就是如此的神奇，尤其是现在社会，竞争日益激烈，面对压力，我们更加需要沟通，更需要通过沟通来让员工知道事情的真相。为什么呢？这是由于团队中的很多情绪来自于对团队情况的错误了解或一知半解，正是由于他们不清楚事情的真相和经过，所以容易导致对管理者的抵触情绪。因此，向员工公开团队的情况、自身的工作情形和与他们相关的事情，有助于从源头上消除员工的不满情绪。

但有些上司却认为，各人只要坚守自己的工作岗位即可，对于其他事物无须知道太多。曾有人做过相关调查："公司概况或工作情形可曾让员工知道？"结果有91%的管理者回答："我都告诉他们了。"但却有68%的员工答道："他们没有告诉我们。"13%回答："只透露一点点。"为什么会出现这种情形？答案就是缺少沟通，忽视了沟通的重要性。对于这样的情况的发生，也许是因为管理者有了已经让员工知道的错觉，或许是未彻底告知，结果还是一样，等于根本没说。基层员工心里可能嘟嚷着团队领导们似乎视他们为聋子，不重视他们，凡事也不告诉他们，内心的情绪可想而知。

1．让员工了解情况是对员工的尊重

对员工来说，愈了解团队情况，对工作就愈关心，而且了解程度愈高就愈有身价高涨的感觉。"你们是团队的中坚分子、重要人物，因此我想让你们多了解本团队的现状。"这是尊重员工的具体表示。

不过，在全体员工士气萎靡不振时，再来告知真相，员工就可能在情绪上受到不该有的影响，而无法达到预期效果。要使团队情报有所奏效，必须先提高从业人员的士气，而要提高从业人员的士气也须使其知情，这是有其循环作用的。不可因士气不振就一口咬定毫无效果，应该让他们知道原因，如果三缄其口，只会使士气愈来愈低落。

2．使员工了解人事变动的原因

员工所应知道的，并不仅限于团队概况或工作情形，关于人事变动或工作有所变化时也应让其知晓原因。

一位年轻人曾愤怒地向同事诉苦："这一次人事变动竟然将我调到不好的单位去，实际上等于降级。我自信工作认真，所付出的精力也不亚于旁人，但竟然将我降级了，真不知道上司是如何观察我的。"同事于是向其领导打听此次人事变动的内幕。"领导认为你工作态度良好，但为人处世仍嫌不够好，因此趁机磨炼你，否则你的前途可能就此暗淡无光。"年轻人说："领导这次的用人方法显得奇笨无比。""你这想法不对，人家要说你，就表示还很关心你。如果不说你，你就要自己反省了。由于你的一念之间，才能决定你的价值。"话说到这儿，这位年轻人说："这个想法实在令我迷糊不已。"并爆发出心中的不满。

以往的管理者凡事不愿多说，总希望员工能自我反省，但这种作风却不适合于现代的年轻人了。因此一有人事变动时，若不将事情的前因后果告知，反而会搞出许多问题来。所谓让员工知道事情真相，并非仅提供情报，你也可以让他认识对己有利之事或有参考价值之事。

3．不知情是谣言的根源

团队内常会散布谣言。如果视员工为呆子，凡事不让他们知道，他们当然会心存猜疑，以致滋生恶性的谣言，将事情描绘得有声有色，像真的一样。有一次，有位员工被推荐到某公司去，可是他就职五天就辞职不干了，原因何在？原来是有一次上洗手间时，有位老员工对他说："本公司最近业绩不好，恐怕连奖金都没了。"他听后认为公司可能会立刻倒闭，于是辞职不干。虽然该公司的情况并未如所说的那么严重，但谣言就是这么可怕。谣言的发生大多没有根据，但也有可能是真的，故许多人往往信以为真。其实若能不断地提供准确事实，即使谣言满天飞，员工也不致内心惶恐不安。谣言会影响员工的情绪，如果谣言满天飞，你就须考虑情报的传达是否充分。情报传达必须上下通畅，并能随时征求员工意见。

沟通能赢得胜机

许多有实力的人最终没能成就大事，往往是因为他们不善于沟通，不能最大限度地发挥其下属的积极性。被誉为用人之神的日本松下电器公司前总裁松下幸之助认为，是否愿与人合作是一个人是否具备管理者基本素质的问题，而是否善于与人合作则是管理者的能力水平问题。如果你想领导一个企业朝着明确的目标前进，就需要一支高效的队伍做后盾。当然，合作不能靠命令来维持，人们在完成合作的任务时服从命令，如果仅仅是因为害怕，或者出于经济上的不安全感，那么这种合作在很多地方是不会令人满意的。因为，这样做便把合作的精神忽略了，而正是这种精神——心甘情愿的合作态度——对企业的成效具有重要影响。

成功者都非常明白：人都生活在社会中，而人际关系就成了你与社会交往的一根纽带。可是人际关系并不是一日之间就可以建立起来的，而需要你去长期经营。之所以会如此，是因为好的人际关系需要时间来了解，再从了解到信赖，而这个过程短则一年半载，长则7~8年，甚至10~20年！两三天就一拍即合的人际关系往往是利益上的关系，基础很脆弱，这并不是好的人际关系，它带给你的有时甚至是毁灭性的打击。

所以，你建立的应该是一种经得起考验的人际关系，而不是速成的人际关系。

成功者都懂得人际沟通的技巧。成功者都非常珍视人际沟通的能力。

美国石油大王洛克菲勒说："假如人际沟通的能力也是如同糖或咖啡一样的商品的话，我愿付出比太阳之下任何东西更高的代价购买这种能力。"由此可见，人际沟通能力在他心目中的地位。

在现代社会里，不善于人际沟通，便会失去许多合作的机会，而没有合作，单靠一个人或少部分人的努力，是不会有真正的成功的。

艾柯卡是美国最著名的企业家之一，曾在美国民意测验中当选为"美国最佳企业主管"。他曾经担任美国福特汽车公司的总经理，后来却在另一家汽车公司克莱斯勒公司濒临倒闭时，就任克莱斯勒公司的总裁。

"受命于危难之际"的艾柯卡是怎样拯救这家奄奄一息的公司，从而创造出为人们所津津乐道的"艾柯卡神话"的呢？他的法宝之一就是人际沟通。

当时的克莱斯勒公司产品品质不高，债台高筑，求贷无门，人浮于事，"就像一只漏水的船在波涛汹涌的洋面上渐渐下沉"。

艾柯卡明白，要东山再起，重振企业，除了首先在内部大刀阔斧地改革，提高员工的士气外，必须尽快着手开发新型轿车，重新参与市场竞争，除此之外没有第二条路可走，可是当时大大小小的银行无一家肯贷款给他的公司。严酷的现实迫使艾柯卡向政府求援，希望得到政府的担保，以便从银行贷到10亿美元的贷款。

消息传出后，在社会各界引起了轩然大波。原来，美国企业界有一条不成文的规矩，认为依靠政府的帮助来发展企业，是不符合自由竞争原则的。

面对眼前的困境，艾柯卡既没有泄气，也没有抱怨，他知道沟通比抱怨更重要。

他每天工作12~16小时，奔走于全国各地，到处演讲游说；同时，又不惜重金雇请说客，游说于国会内外，活动于政府各部门之间，同他互相呼应。

在演讲中，他援引史实，有根有据地向企业界说明，以前的洛克希德公司、华盛顿地铁公司和全美五大钢铁公司都先后得到过政府的担保，贷款总额高达4 097亿美元。克莱斯勒公司在濒临倒闭之际请政府担保，仅仅是为了申请10亿美元的贷款，本来是不该引起人们非议的。

接着，他又向新闻舆论界大声疾呼：挽救克莱斯勒正是为了维护美国的自由企业制度，保证市场的公平竞争。北美总共只有通用、福特和克莱斯勒三大汽车公司，如果因克莱斯勒破产而仅剩两家，形成市场垄断局面，那还有什么自由竞争可言？

对政府部门，艾柯卡则采取不卑不亢的公关策略。他替政府算了一笔账：如果克莱斯勒现在破产，会造成60万工人失业，全国的失业率会因此而提高15%，政府第一年便必须为此多支付27亿美元的失业保险金及其他社会福利开支，而最终又要使纳税人多支出160亿美元来解决种种相关的问题。艾柯卡向当时正受财政巨额赤字困扰的美国政府发问："你是愿意白白支付27亿美元呢？还是愿意出面担保，帮助克莱斯勒向银行申请10亿美元的贷款呢？"

艾柯卡还为每一个国会议员开出一张详细的清单，上面列有该议员所在选区内所有同克莱斯勒公司有经济来往的代销商和供应商的名字，并附有一份公司倒闭将会在该选区产生什么样后果的分析报告。他暗示这些议员，如果因公司倒闭而剥夺你的选民的工作机会的话，对你的仕途是不会有什么好结果的。

艾柯卡的公共关系战略终于获得了成功，企业界、新闻界、国会议员都不再反对担保，美国政府也开始采取积极合作的态度。他终于得到了用于开发新型轿车的10亿美元的贷款。

3年后，克莱斯勒公司开始扭亏为盈，第四年便获得9亿多美元的利润，创造了这家公司有史以来最好的经营纪录。

艾柯卡的成功经历告诉我们，沟通是何其重要。

主动与领导沟通

主动与领导沟通，不仅可以消除员工与领导者之间的障碍，而且员工还能够更深切地理解领导者的意图和观念。有句广告语说得好，"沟通从心开始。"这句话旨在传达一种信息，沟通是重要的也是必要的。员工能主动与领导沟通同样也是必要的。

在这个人才辈出的时代，依然信守"沉默是金"者，无异于自毁前途，积极工作态度和工作业绩，当然会让你在位置上坐得四平八稳，但假若你想得到更高的发展，就一定要有主动与领导沟通的能力。

阿尔伯特初入金融界的时候，他的一些在金融界担任高职的同学告诉他一个简单的成功秘诀，那就是"千万要肯跟领导讲话"。阿尔伯特先生依此行事，后来果然成了美国金融界的知名人士。

其实，主动与领导沟通看起来非常容易，但真正能做到的人并不多，许多员工因为与领导的地位差异，对领导心存介蒂，或有生疏感甚至恐惧感。他们在会议上发言，也是能免则免，甚至不提出一些胸有成竹的建议，怕这怕那，长此以往，员工与领导的隔阂越来越深，领导在想什么，下一步的目标或发展方向是什么，他们一无所知。

员工缺乏与领导的沟通，他们认为这没什么，认为只要做好本职工作就足够了。然而，无数事实证明，这种观念是极端错误的。新一代的成功法则是：要会干，要能干，还要学会表现。人与人之间的好感是通过实际接触和语言沟通才能建立起来的。员工只有主动跟老板切实有效的接触，才能将自己的意愿表达清楚，才能令领导认识到自己的工作能力，才能有更多被赏识的机会。

刘伟擅长沟通。此时，他正坐在椅子上，耳机稳稳地戴在头上，脸上挂着微笑，胸有成竹地在他的"指挥中心"安然待命。

刘伟热情洋溢地向电话终端传递信息和回答问题。他热爱沟通也长于利用沟通，他与顾客交谈时，即使他看不见对方，也一样能读懂他们的意图，了解他们要什么，不要什么。他能听出顾客的弦外之音，这也使他感到工作无比愉快。

刘伟与现有和潜在的顾客联系业务，介绍新产品和服务。他的另一部分工作是提供技术支持。对他来说，了解顾客的喜好，帮助他们挑选合适的产品和服务，这一过程本身就是一种快乐。

他做这项工作非常得心应手，而且收入不菲。但他本来并不是从事这项工作的。他本来是学技术革新的，但因为他擅长与人沟通，特别是擅长与领导沟通，所以，当公司开通这项业务时，他成了领导的首要人选。

在许多公司里，特别是处在发展期的公司，必定存在着许多机会。此时，领导就要在自己的身边物色一些有能力的人员担当要职。但领导并不是对所有手下都了如指掌。领导可能从业务和思想行为上对员工做最基本的判断，但最后选定的人一定是那些有潜在能力，且懂得主动与自己沟通的人，而绝不是那些只知道自己做好工作，却怕事不主动的员工。

因为两者比较，肯主动与领导沟通的员工总能通过各种渠道，更快更好地领会领导的意图，并能够通过流畅的语言表达让领导更为清晰地了解自己的工作状况，他们能把工作做得更好，所以前者总是更容易得到领导的青睐。

员工与领导之间由于地位、权力及能力水平等方面的差异必定会存在一些距离，而这些客观存在的距离则影响了上下级之间的沟通和相互了解，同时，也影响了老板对员工的信赖程度。有时因为乏于沟通，甚至会使上下级之间产生很大的隔阂，令老板无法轻易地对员工产生信任，这对员工与领导的工作开展都非常不利。

因此，我们若想工作有所成就，就要与领导主动沟通，缩短与领导之间的心理距离。让自己更懂得领导，也让领导更懂你。很多与领导匆匆的一遇，都可能是沟通的开始，当然，这并不是说沟通就要多说话，就能得到领导的认同和垂青。

为沟通搭建一个平台

沟通不仅仅是说，而是说和听。一个有效的听者不仅能听懂话语本身的意思，而且能领悟说话者的言外之意。只有集中精力地听，积极投入判断思考，才能领会讲话者的意图，只有领会了讲话者的意图，才能选择合适的语言回应他。从这个意义上讲，"听"的能力比说的能力更为重要。

柯达的建议制度现在已经被美国和其他一些国家和地区的企业广为采用，同时也成为企业管理学和组织行为学研究的对象。从管理角度讲，管理者应该为员工营造一个宽松的氛围，它包括物质环境和心理环境两部分。心理环境的建设往往是管理者容易忽视的部分，而这部分内容对员工是否能够出色地完成任务、能否从工作中得到满足感起着关键的作用。

作为团队的领导者，如果使团队沟通流畅，不妨先做以下的准备工作。

首先，为沟通搭建一个好的平台。良好的企业文化和团队精神是沟通流畅的必要平台。流畅的沟通能促进企业文化和团队精神的建设，而企业文化和团队精神的建设也有助于沟通的流畅。

其次，寻找合适的沟通载体和网络。要使沟通有效地进行，除了选择合适的管理外，也要选择合适的网络。

以下是一些值得借鉴的好做法。

1．讲故事

波音公司在1994年以前遇到一些困难。总裁康迪上任后，经常邀请高级经理们到自己的家中共进晚餐，然后在屋外围着个火堆讲述有关波音的故事。康迪请这些经理们把不好的故事写下来扔到火里烧掉，以此鼓舞士气。

2．聊天

奥田是丰田公司第一位非丰田家族成员的总裁，在长期的职业生涯中，奥田赢得了公司内部许多人士的深深爱戴。他有1/3的时间在丰田厂里度过，常常和公司里的多名工程师聊天，聊最近的工作，聊生活上的困难。另外1/3的时间用来走访5 000名经销商，和他们聊业务，听取他们的意见。

3．解除后顾之忧

某航空公司总裁凯勒尔了解到员工最大的担心是失业，因为很多航空公司都是旺季时大量招人，在淡季时辞退员工。凯勒尔上任后宣布永不裁员。他认为不解除员工的后顾之忧，员工就没有安全感和忠诚心。从此，该公司以淡季为标准配备人员，当旺季到来时，所有员工都会毫无怨言地加班加点。

4．帮员工制订发展计划

爱立信是一个百年品牌，每年公司的员工都会有一次与人力资源经理或主管经理面谈的机会，在上级的帮助下制订个人发展计划，以跟上公司业务发展，甚至超越公司的发展步伐。公司决策者认为，一个企业要保持领先的地位，最关键的是要使员工的整体素质保持领先。

5．鼓励越级报告

在惠普公司，总裁的办公室从来不关门，员工受到顶头上司的不公正待遇或看到公司发生问题时，可以直接提出，还可越级反映。这种企业文化使得人与人之间相处时，彼此之间都能做到互相尊重，消除了对抗和内讧。

6．动员员工参与决策

福特公司每年都要制订一个全年的"员工参与计划"，动员员工参与企业管理。此举引发了职工对企业"知遇之恩"的感激，员工投入感、合作性不断提高，合理化建议越来越多，生产成本大大减少。

7．返聘被辞退的员工

日本三洋公司，曾经购买美国弗里斯特市电视机厂，日本管理人员到达弗里斯特市后，不去社会上公开招聘年轻力壮的青年工人，而是聘用那些以前曾在本厂工作过、而眼下仍失业的工人。只要工作态度好、技术上没问题，厂方都欢迎他们回来应聘。

8．培养自豪感

美国思科公司创业时，工资并不高，但员工都很自豪。该公司经常购进一些小物品如帽子，给参与某些项目的员工每人发一顶，使他们觉得工作有附加值。当别人问该公司的员工："你在思科公司的工作怎么样？"员工都会自豪地说："工资很低，但经常会发些东西。"

9．口头表扬

表扬被认为是当今企业中最有效的激励办法。日本松下集团很注意表扬人，创始人松下幸之助如果当面碰上进步快或表现好的员工，会立即给予口头表扬。如果不在现场，松下还会亲自打电话表扬下属。

总之，在沟通的过程中要注意及时排除一些障碍。及时"排污"，去除种种障碍，加强和疏通正式沟通的渠道，是防止那些不利于或有碍于团队目标实现的小道消息传播的有效措施。

其实，形式上的方法和途径当然很多，但单单抓住这些并不等于你抓住了解决问题的要害。要解决沟通的问题，关键在于领导者要有一颗乐于倾听的心。

专门从事沟通培训的朗达公司曾应邀对一家手机企业进行培训。培训公司的安东尼·罗夫发现，该手机客户服务中心的业务员在接听投诉或回访客户时过分机械，完全按照公司列出的条条框框提问题。他们对客户提出的问题通常是："请问你每个月大概打多少次电话？""是否准备将来还使用这个牌子的手机？"但却没有问客户需要什么。客户服务中心的业务员对此的解释是：消费者对手机技术并不了解，因此不知道自己需要什么。深感不解的罗夫将这个发现告诉了手机企业的销售团队主管，没想到这个主管回答说："消费者不明白自己的需要，所以我们不会在这种问题上多花时间。"罗夫回忆说："接线员没有倾听的一个原因是，管理这个部门的人不会倾听。"

在培养或提高倾听能力的过程中，有一点需要特别关注：

"听"和"倾听"之间有很大差别。听是消极被动的，因为和嘴巴不同，人的耳朵几乎随时都处于工作状态，这一点开过会的人一定都深有体会。倾听则完全不同。参与"听"这个动作的是耳朵，参与"倾听"这个动作的则是耳朵、眼睛和心灵。倾听是积极的，必须集中注意力。

团队中沟通的重要意义

当我们了解了领导的沟通倾向后，员工应最大可能地与领导接近。通过自我的一些调整，再主动与领导沟通，一定能创造出与领导更为和谐和默契的工作关系。

有这么一个职场幽默：有一个人在公司里做事情一点也不积极，有次他向领导提出要外出度假时，领导就问："你说你对我们公司有哪些好处呢？"这个人想了想就说："好处就是当我外出度假时，公司不需要别人来完成我的工作。"

这虽然是一个幽默故事，却很形象地反映了管理人员的心理，他们需要的是不可缺少、难以替代的人。这其实就应该是一个人在职场永远不败的追求，或者可以说是立足职场的法宝。

一个公司运营起来，就成了一个有生命的机体。里面的每个成员都是不可缺少的，而你就是里面不可少的那块砖么？

首先问自己几个问题：

公司的某些问题是不是除了我就再也没有别人可以解决呢？

我在的部门是不是缺了我就再也无法运转呢？

别的部门和我部门的沟通是不是主要依赖我呢？

这只是三个问题，却涵盖了三个方面的问题：专业、合作、沟通。

在学校里，我们学到知识，学到学习方法，也学习与人沟通的技巧。这些都是我们以后要在社会中用到的。要使自己觉得不可替代，只要任何一个方面做得比周围的人出色就可以了。

麦考密克连锁有限责任公司是专门生产食品的，其年销额大约有2亿美元。麦考密克连锁公司因善于与员工沟通并且将员工的意见融入决策过程中而闻名于世。它自称是"全球最大的食品公司"。当时的主席和总裁哈里·韦尔斯用如下的话来解释公司成功的原因："因为这些年公司发展的基本态度就是人与人之间的如何沟通交流，为此我们创造了这样的氛围，允许每个员工坐下来，就公司政策和未来目标进行富有意义的对话。"

对于管理者而言，沟通是团队管理中的基本性工作。在一个有共同目标的群体或团队中，要协调全体成员为实现目标而努力工作，沟通是必不可少的，它具有相当重大的作用和意义。

1. 传递信息

一个团队的领导要想顺利地开展工作，首先必须了解该团队员工的意见倾向、价值观和劳动结果，了解他们的积极性源泉和需要，各部门之间的人际关系、管理的效率等，为及时控制、指挥整个团队的运转、实行科学有效的管理提供信息。同时，团队内各部门、人员之间必须进行有效的沟通，以获得其所需要的信息。难以想象，如果制造部门不能及时获得研发部门和市场部门的信息，会造成什么样的后果。此外，团队出台的任何决策，都需要凭借书面的，或是口头的，正式或是非正式的沟通方式和渠道来传达给相关的对象。

2．满足员工的心理需要

无论是在人们的日常生活还是工作中，人们相互沟通思想和感情是一种重要的心理需要。对于员工来说，沟通可以解除他们内心的紧张和不满，使他们感到心情舒畅，而且在互相沟通中产生共鸣和感情，增进彼此的了解，改善相互之间的关系。

3．调动员工参与决策

在团队管理中，管理者的知识、经验及观念往往影响着员工的知觉、思维和态度，进而改变他们的行为。尤其是管理者要进行改革时，他的首要任务是通过信息沟通和情感沟通来转变员工曾有的抵触态度，改变其行为，这样才能实现他们之间的良好合作，搞好团队的管理工作。

因此，充分的沟通既可以促进领导改进管理，又可激励员工的工作热情和参与管理的积极性，使员工提高信心，积极主动地为团队发展献计献策，增强员工的主人翁责任感，从而增强团队内部的凝聚力，使管理工作更富成效，促团队蓬勃发展。

4．增强团队的创新能力

在有效的沟通中，人们积极讨论，相互启发，共同思考，大胆探索，往往能迸发出神奇创意的思维火花。

员工对本团队有深刻的了解，他们往往能最先发现团队的问题和症结所在。有效的沟通机制使团队内不同角色能分享他们的想法，并考虑付诸实施的可能性，这是团队创新的重要因素之一。

第三章
提高沟通的效用

　　当个体以群体方式联系在一起时，相互之间必须有一个渠道进行交流，这就是沟通。群体的工作效率与发展水平，在很大程度上取决于群体对信息的吸收和利用的程度，而这又离不开沟通手段的运用，沟通渠道建全与否，又会影响决策的有效性。

构建有效的沟通

通过各种手段让更多的人认识自己、了解自己，以便得到同事、下属和其他层面的支持与配合，从而更加有效地开展经营活动，这就是沟通。沟通是企业人力资源管理中最重要的内容。一个商人要获得成功，就必须学会与人合作，必须致力于人际沟通。

1994年，波音公司经营遇到了困难，新总裁康迪一上任，便邀请高级领导们到自己的家中共进晚餐，然后在屋外围着一个火堆讲述有关波音的故事。康迪请这些领导们把不好的故事写下来扔到火堆里烧掉，以此埋葬波音历史上的"阴暗"面，只保留那些振奋人心的故事，用来鼓舞士气。

老福特的工厂里有个电机坏掉了，他便请了当地一个有名的技师来修理。这个技师在勘察了几分钟之后，用粉笔在电机外壳画了一道线，对修理人员说："把这里拆开，把里面的线圈减7匝。"修理后，电机又运转了。技师请老福特给他10000美元作为报酬，老福特支付了报酬让他说出理由。这个技师说："用粉笔画一道线，1美元；知道在哪里画，9999美元。"

是啊，谁都会画线。可是又有多少人知道在哪里画呢？机电专业的毕业生每年成千上万，最后成为业界精英的也只是凤毛麟角。然而，大多数公司也并不是一定就需要在专业技能上出类拔萃的人，他们也知道，这样的人是可遇而不可求的。

既然这样，有了一些专业知识之后，就该好好培养自己与周围同事的合作能力了。

在社会分工日益精细的今天，一件工作在很大程度上不是一个人可以全部完成的。需要很多人的合作，每个角色都是不可缺少的。一个善于和同事合作的人会从全局把握整个工作，从而让每个成员都会全力工作，效果也会最好。

国内许多企业的领导也非常注意沟通。万全花业是京城一家高科技企业，员工层次高、背景复杂，有的来自国外，有的来自国内。在工作中，公司倡导简捷的人际关系，鼓励有建设性、不带敌意的争论，以期达到及时有效的沟通。公司总裁既重视外部的沟通，更重视与内部员工的沟通，每周要与1~2名中层以上的员工进行一次谈话，通过谈话掌握员工的思想动态。公司还充分利用电子网络进行沟通，开通了自己的局域网，并设立了BBS论坛，各部门领导还设定了自己的邮箱，员工有建议随时可以提，有不满情绪可以尽情发泄。良好的人际沟通，使这家企业新品迭出，效益倍增。

1. 沟通是个无底洞

"沟通是个无底洞。"管理大师汤姆·彼德斯说。"人类的本性就是这样，为了使沟通更有礼节一点，时间更短一点，你必须努力与别人反复沟通。"

彼德斯揭示了沟通反而使事情变得复杂的原因。其实沟通本身可以无处不在，现代化的沟通手段比过去更是丰富很多，然而，研究者发现，内部沟通中，至少有80%的会议、电话、亲自出席、电子邮件，属于分享信息，有的对行动没有帮助，不是为了最后决策而沟通。而有效沟通又是构建工作团队、提高工作效率的重要途径。

2. 沟通是合作的基础

一个商人必须懂得运用沟通的方法，保证上级和下级的最大限度的合作。拒绝沟通，也就意味着拒绝与别人的合作。在企业管理中，善于与人沟通的人，一定是善于与人合作的人；不善于与人沟通的人，也一定是不善于与人合作的人。善于与人沟通的管理者，能用诚意换取下属的支持与信任，即使管理过于严厉，下属也会谅解而认真地执行；不善于与人沟通的管理者，即使命令再三，下属也不愿接受，其结果必然是怠慢工作。这样的商人肯定难成大事，难有大作为。许多有实力的人最终没能成就大事，往往是因为他们不善沟通，不能最大限度地发挥其下属的积极性。被誉为"用人之神"的日本松下电器公司前总裁松下幸之助认为，愿不愿与人合作是一个人具不具备管理能力基本素质的问题，而善不善于与人合作则是管理者的能力水平问题。如果你想领导一个企业朝着明确的目标前进，就需要一支高效的队伍作为后盾。当然，合作不能靠命令来维持，人们在完成合作的任务时，如果仅仅是因为害怕，或者出于经济上的不安全感，那么这种合作在很多地方是不会令人满意的。因为，这样做便把合作的精神忽略了，而正是这种精神——心甘情愿的合作态度对企业的成效具有重要的影响。

大型企业往往下属单位分布地域广泛，行业经营多元化，企业高层通过财务数字和所谓的工作汇报了解下属企业的经营现状，但数字并不能说明一切。要让企业高层听到来自下属单位员工的真实心声，关键需要如实沟通。在与企业的沟通中容易存在几个问题。

1. 个别下属单位的管理者喜欢搞权威，个人说了算。对基层员工的意见或反映的问题能压的压着，能瞒的瞒着，报喜不报忧，人为造成信息通道堵塞，实际上企业听到的只是一个人的声音。

2. 为了个人利益或一小部分人的利益，欺上瞒下，牟取私利。虽然个人得到了实实在在的好处，却给企业造成无法挽回的经济损失。

3. 提供虚假信息。如对企业经营提供过分乐观的观测，反映的信息、数据失真，导致企业决策失误等。

这些问题都是沟通工作的障碍，对企业和下属企业都是有百害而无一利的。企业与下属企业在根本方向和基本利益上是一致的，所以，下属单位与企业的沟通也应该是真诚的而不是虚假的，是有创意的碰撞而不是一团和气，是推功揽过而不是揽功推过。下属企业的管理层不该存有私心，更不该害怕问题暴露。及时、如实地与企业沟通，反映问题，提出建设性想法和建议，这对企业正确决策和解决问题都是有利的。

是什么妨碍了沟通

沟通失败者的一个重要原因就是，他们从来不去检讨自己失败的原因，从来不去反思是什么妨碍了沟通，从而使自己不能走向成功。那么，是什么妨碍了沟通呢？

1. 信任影响沟通

在一个古老的王国，美丽的公主爱上了英俊善良的青年侍卫。国王发现了他们之间的恋情，暴怒之下，青年被关进了监狱。

国王让青年作出这样的选择：在竞技场里，面对全国的百姓，他只能打开两扇门中的一扇：一扇门里面是一头饥饿凶猛的狮子，打开后青年会被吃掉；一扇门里面是全国最为年轻美丽的少女，打开后整个王国将会为青年与少女举办盛大的婚礼。

在抉择的头天晚上，公主偷偷去监狱探望了青年。

青年并不知道哪扇门后面是狮子，哪扇门后面是少女，而公主也只是到了竞技场才能知道底细。当青年被带到竞技场时，他看到看台上的公主用眼神示意了其中的一道门，公主的眼神虽然矛盾复杂，然而却充满了浓浓爱意。那么，青年要选择走向哪扇门呢？

信任能否产生有效沟通？这是一个有关信任与沟通的问题。我们发现自己陷入了两难的境地。

这里的关键是，他们是相互信任的，然而在此信任基础上能否产生有效沟通？另一方面，他们之间可能会有沟通，然而，在此特殊环境下，他们之间能否还会相互信任？

如果他们共同选择爱情，以死来抗争，公主会示意里面有狮子的那扇门，青年也会毫不迟疑地去打开，公主也会殉情，从此成就人世上一段伟大的爱情。

如果他们共同决定先活下去，公主会示意有少女的那扇门，青年也会极不情愿地去打开。从此世界上又多了一幕人间的悲剧，演绎出悲欢离合。

这时，目标相同，信任与沟通是一致的。然而，当青年选择以死抗争，而公主希望青年活下来时，会怎样呢？

她如果示意有少女的那扇门，出于对公主的信任，青年会义无反顾地走向另一扇门。正是担心这一点，出于对青年的了解与信任，她应该示意关狮子的那扇门。她希望欺骗青年走向少女，从而挽救他的生命。问题是，青年也可能会意识到这一点，导致他走向公主示意的那扇门（狮子）。

这时，公主已经无法判断青年的选择，青年也难以把握公主的示意。因而（在此问题上）他们对对方都已难以再建立信任。他们也都陷入两难的境地。最为糟糕的是，这是在常规方式下无解的问题。

2. 权力妨碍信任

商人们也经常陷入这样两难的境地。

由于没有人完全信任老板，因而无法保证有效沟通，导致管理者不能及时发现问题并提出解决办法。在以企业沟通为主题的经典作品《没有人完全信任老板，怎么办？》中，管理学者费尔南多·巴托洛梅教授试图通过管理者建立自身信任与个人信息网络，通过有效分析把握信息线索，解决这个问题。

真的能解决问题吗？

巴托洛梅教授认为，在阶级层中权力较弱的群体揭露缺陷、错误和过失的时候，会很自然地极为小心谨慎——尤其当权力大的一方还居于评价与惩罚的地位，所以"权力会妨碍信任，审判者更是难以获得信任"。

真的是这样吗？上帝的权力不可谓不大，他还要主持末日审判，可丝毫不影响教徒对他的信任。关键是教徒知道，上帝会公正地使用权力。因此，不是权力会妨碍信任，而是权力的行使不当会妨碍信任。

如果基于"权力会妨碍信任"这一假设，从企业来说，领导等于权力，所以领导不被完全信任。为了建立信任，他要完善权力自身，它必须通过领导自身对部属开诚布公地沟通、支持鼓励、信赖尊重、公正无私、前后一致，并展现专业能力来实现。

而如果基于"权力的行使不当会妨碍信任"这一事实，要取得信任，他不仅要完善权力自身，更重要的是建立有效的沟通保障机制，保证管理者的权力不被误用与滥用。

因而，巴托洛梅教授谈到信任，由于没有体制的保障，并不能使部属达到完全信任，所以在此信任基础上不可能产生真正的有效沟通。要达到完全信任，必须有体制保障。

那么，即使完全信任，是不是真正就能达成有效沟通呢？

青年与公主的故事给出了否定的回答。故事告诉我们，当双方选择相同，信任与沟通是保持一致的；而当双方选择不一致时，信任并不一定能导致有效沟通，并且，沟通的结果反而可能招致不信任的产生（这里提及的信任也不是相同的）。

另外，由于信任属于意识，而沟通属于行为，意识并不一定代表行为的必然发生。

当然，没有信任，根本就无法建立有效沟通。

信任和沟通之外的因素是什么？

到底是在信任的基础上有效沟通，还是在有效沟通的基础上建立信任，没有有效沟通怎么会建立信任，而没有信任又怎么会保证有效沟通？如果这样纠缠下去，就会陷入到底是先有鸡还是先有蛋的怪圈。只能够有一种解释，就是在信任与沟通之外，还有一种因素平衡着信任与沟通；并且，完全的沟通与完全的信任都是不可能的。信任应该是在特定方面的信任，沟通也是特定方面的沟通。从公主与青年的故事我们已经很容易发现，这种因素就是双方的目标（利益）取向。

在双方目标（利益）取向一致时，随着沟通的增加，双方信任程度上升；而信任的结果，使得双方能够产生有效沟通。但当目标（利益）取向不一致时，通过前面的分析，双方实际上根本无法产生有效的沟通与信任。因而，领导必须要让部属与企业的目标（利益）取向保持一致，最重要的是在企业内部建立有效的保障机制。而有效沟通也不断修正企业与部属间的目标（利益）取向偏差，让成员充分理解并适应机制。

　　所以，在企业里，有效沟通并不会仅仅因为信任而产生，它必须通过建立有效机制来解决。因此，沟通不仅是一种艺术，更是一门科学。

造成沟通障碍的原因

有效沟通是实现简单管理、提高工作效率的重要途径。在《西游记》中，唐僧师徒西天取经经过"九九八十一难"，有几次完全就是内部沟通出了问题。

譬如"三打白骨精"，孙悟空绝对是对信息的本质把握最早、最清楚的人，但是他性子急，没有充分把握沟通的机会。唐三藏虽然反应很慢，但是毕竟是大家的师傅，有约定俗成的权威。孙悟空擅自打死妖怪，冒犯了唐三藏的权威。后来不管孙悟空再怎么沟通，唐三藏也对此不再信任。

1. 造成沟通障碍的主要因素

其实，在任何沟通系统中，都存在沟通的障碍，例如，通讯工具之间的交流——电报、电话等，就存在着沟通的障碍，这种障碍称为"噪声"或"干扰"。然而，人与人之间的沟通，却有其特殊的障碍。下面我们着重介绍造成人类沟通障碍的主要因素。

（1）语义上的障碍

由于人与人之间的信息沟通主要是借助于语言（包括口头语和书面语言）来进行的，而语言只是作为交流思想的工具，它并非思想本身。人们的知识修养不同，语言表达能力不同，对同一种思想、观点或事物，有的人表达很清楚，有的人却表达不清楚。此外，用文字表达思想或描述事物时，不可避免地会产生语义上的障碍，如语言使用不当、文字不通顺或模棱两可、含糊不清；讲话时口齿不清或使用对方听不懂的土语、方言；用词不当或用了错别字；使用对方不懂的学术、技术上的专门用语（即术语、"行话"）等。这些都易引起理解困难或误解，从而影响沟通。

（2）知识经验水平的限制

前面已做过分析，当发送者与接收者在知识经验水平上相距太大时，有些在发送者看来很简单的内容而接受者理解不了。因为双方没有"共同的经验区"，接受者不能理解发送者的信息含义，所以无法沟通信息。在日常生活中，一个很好的情报，如果你"理解"，它就可以为你所用；部分理解了，它就能部分地为你所有。然而，如果你全然不理解，便会一无所获。

（3）知觉的选择性障碍

接受信息是知觉的一种形式，知觉的选择性，既受客观因素的影响，又受主观因素的影响。客观因素指组成信息的各个部分的强度不同，对受讯人的价值大小不同等，客观因素致使有些部分比较容易引人注意，而为人们所接受，另一部分则相反，易为人们所忽视或摈弃。主观因素指的是个性特征、兴趣、需要、动机、态度、价值观及个人的身份意识等。它们会使人们在不自觉、有意无意之中产生知觉的选择性。

（4）心理因素引起的障碍

在信息沟通过程中，有很多障碍是由心理因素引起的。一个人的兴趣、爱好、态度、思想、情绪、性格、价值观等的差异，在一定条件下都可能引起沟通的障碍。例如，在接受一个信息时，凡符合自己需要的，与自己切身利益关系密切的，则很容易"听进去"；而对自己不利或会损害自己利益的，就不容易"听得进去"。下级对某个上级领导有好感，这位上级领导的指示要求就容易为下属接受和执行；反之，如果下级对某个上级领导有反感，上级领导的指示要求、建议等，往往会打折扣（下级对他们的接受程度较差）。同样，一个人在转呈某些信息时，也往往会按照自己的观点去"过筛"，使之适合自己的"胃口"，而信息却因此失真。此外，情绪稳定自若的人对信息的理解比较正确，情绪急躁的人对信息的理解容易片面，有时甚至未等对方将要传递的信息传送完，就已经按捺不住，早已先在心里给它下了结论。凡此种种，都说明了由于人们的观点不同，或其他心理因素不同，在信息沟通过程中，很容易带上主观的成分，因而也有意无意地歪曲了所要传递的信息。

（5）组织结构层次的影响

组织结构庞大，内部层次过多，信息从高层次向下传递到最低层，或从最低层向上传递到最高层，中间需要经过很多环节，每经过一个环节，都会有过滤的失真，积累起来，便会对沟通的效果带来不良的影响。

（6）信息过量的影响

信息并非越多越好，关键在于适当，信息过量，超越了接受者的接受和理解程度，对接受者来说可能会产生抑制。因此信息过量，也会妨碍沟通。

2. 其他影响沟通的障碍

除此之外，我们在沟通过程的讨论中，提到过信息失真的潜在可能性。哪些因素能够导致信息失真？除了沟通过程中所指出的一般类型的失真之外，还有一些其他障碍也干扰了有效的沟通。

（1）过滤

过滤指故意操纵信息，使信息显得对接受者更为有利。比如，管理者告诉上司的信息都是他想听到的东西，这位管理者就是在过滤信息。

过滤的程度与组织结构的层级和组织文化两个因素有关。在组织等级中，纵向层次越多，过滤的机会也越多。组织文化则通过奖励系统或鼓励或抑制这类过滤行为。如果奖励越注重形式和外表，管理者便越有意识按照对方的品味告诉和改变信息。

（2）选择性知觉

在沟通过程中，接受者会根据自己的需要、动机、经验、背景及其他个人特点有选择地去看或去听信息。解码的时候，接受者还会把自己的兴趣和期望带进信息之中。如果一名面试主考认为女职员总是把家庭的位置放在事业之上，则会在女性求职者中看到这种情况，无论求职者是否真有这种想法。我们不是看到事实，而是对我们所看到的东西进行解释并称之为事实。

（3）情绪

在接收信息时，接受者的感觉也会影响到他对信息的解释。不同的情绪感受会使个体对同一信息的解释截然不同。极端的情绪体验，如狂喜或抑郁，都可能阻碍有效的沟通。这种状态常常使我们无法进行客观而理性的思维活动，代之以情绪性的判断。因此，最好避免在很沮丧的时候作决策，此时我们无法清楚地思考问题。

（4）语言

同样的词汇对不同的人来说含义是不一样的。年龄、教育和文化背景是三个最明显的因素，它们影响着一个人的语言风格以及他对词汇的界定。小威廉·伯克莱的用词显然与一个典型的只受过高中教育的工人不同。事实上，后者毫无疑问对于理解伯克莱的一些词汇存在困难。而在一个组织中，员工常常来自于不同的背景。另外，横向的分化使得专业人员发展了各自的行话和技术用语。在大型组织中，成员分布的地域十分分散，而每个地区的员工都使用该地特有的术语或习惯用语。纵向的差异同样造成了语言问题。比如，刺激和定额这样的词汇，对不同的管理层有着不同的含义。高层管理者常常把它们作为需要，而下级管理者则把这些词汇理解为操纵和控制，并由此而产生不满。

你我可能都说一种语言，但我们在语言的使用上却并不一致。了解每个人如何修饰语言将会极大地减少沟通障碍。问题在于，组织中的成员常常不知道所接触的其他人与自己的语言风格不同，他们自认为自己的词汇或术语能够被其他人恰当地理解。但这往往是不正确的，而且导致了不少沟通问题。

（5）非语言提示

前面我们指出非言语沟通是信息传递的一种重要方法。非言语沟通几乎总是与口头沟通相伴，如果二者协调一致，则会被强化。比如，上司的言语告诉我他很生气，他的语调和身体动作也表明很愤怒，于是我推断出他很恼火，这极可能是个正确的判断。但当非言语线索与口头信息不一致时，不但会使接受者感到迷茫，而且信息的清晰度也会受到影响。如果上司告诉你他真心想知道你的困难，而当你告诉他情况时，他却在浏览自己的信件，这便是一个相互冲突的信号。

克服沟通的障碍

对于沟通障碍，应该如何克服呢？以下的建议将帮助你使沟通更为有效。

1. 运用反馈

很多沟通问题是直接由于误解或理解不准确造成的。如果管理者在沟通过程中使用反馈回路，则会减少这些问题的发生。这里的反馈可以是言语的，也可以是非言语的。

当管理者问接受者："你明白我的话了吗？"所得到的答复代表着反馈。但反馈不仅仅包括是或否的回答。为了核实信息是否按原有意图被接受，管理者可以询问有关该信息的一系列问题。但最好的办法是，让接受者用自己的话复述信息。如果管理者听到的复述正如本意，则可增强理解与精确性。反馈还包括比直接提问和对信息进行概括更精细的方法。综合评论可以使管理者了解接受者对信息的反应。另外，绩效评估、薪金核查以及晋升都是反馈的重要形式。

当然，反馈不必一定以言语的方式表达。行动比言语更为明确。比如，销售主管要求所有下属必须填好上月的销售报告，当有人未能按期上交此报告时，管理者就得到了反馈。这一反馈表明销售主管对自己的指令应该阐述得更清楚。同理，当你面对一群人演讲时，你总在观察他们的眼睛及其他非言语线索以了解他们是否在接受你的信息。

2. 简化语言

由于语言可能成为沟通障碍，因此管理者应该选择措辞并组织信息，以使信息清楚明确，易于接受者理解。管理者不仅需要简化语言，还要考虑到信息所指向的听众，以使所用的语言适合于接受者。记住，有效的沟通不仅需要信息被接收，而且需要信息被理解。通过简化语言并注意使用与听众一致的言语方式可以提高理解效果。比如，医院的管理者在沟通时应尽量使用清晰易懂的词汇，并且对医务人员传递信息时所用的语言应和对办公工作人员不同。在所有的人都理解其意义的群体内的"行话"会使沟通十分便利，但在本群体之外使用"行话"则会造成无穷问题。

与前面反馈的讨论一致，在传递重要信息时，为了使语言问题造成的不利影响减少到最低程度，可以先把信息告诉不熟悉这一内容的人。比如，在正式沟通之前接受者阅读演讲词是一种十分有效的手段，其有助于确认含混的术语、不清楚的假设或不连续的逻辑思维。

3. 积极倾听

当别人说话时，我们在听，但很多情况下我们并不是在倾听。倾听是对信息进行积极主动的搜寻，而单纯地听则是被动的。在倾听时，接受者和发送者双方都在思考。

我们中的不少人并不是好听众。为什么？因为做到这一点很困难，而且常常当个体有主动性时才会做得更为有效。事实上，积极倾听常常比说话更容易引起疲劳，因为它要求脑力的投入，要求集中全部注意力。我们说话的速度是平均每分钟150个词汇，而倾听的能力则是每分钟可以接受将近1000个词汇。二者之间的差值显然留给了大脑充足的时间，使其有机会神游四方。

通过发展与发送者的移情，也就是让自己处于发送者的位置，可以提高积极倾听的效果。不同的发送者在态度、兴趣、需求和期望方面各有不同，因此移情更易于理解信息的真正内涵。一个真正的听众并不急于对信息的内容进行判定，而是先认真聆听他人所说。这使得信息不会因为过早而不成熟的判断或解释而失真，从而提高了自己获得信息完整意义的能力。

在本书的后面章节中我们会仔细讨论积极倾听的技能。

4. 抑制情绪

如果认为管理者总是以完全理性化的方式进行沟通，那太天真了。我们知道情绪能使信息的传递严重受阻或失真。当管理者对某件事十分失望时，很可能会对所接受的信息发生误解，并在表述信息时不够清晰和准确。那么，管理者应该如何行事呢？最简单的办法是暂停进一步的沟通直至情绪恢复平静。

5. 注意非言语提示

我们说行动比言语更明确，因此很重要的一点是注意你的行动，确保它们和语言相匹配并起到强化语言的作用。非言语信息在沟通中占据很大比重，因此，有效的沟通者十分注意自己的非言语提示，保证它们也同样传达了所期望的信息。

避免沟通中的矛盾冲突

人们在交往中，总会有许多分歧。创立了著名的松下电器公司的松下幸之助先生，在做生意的过程中，悟出了一条重要的人生经验：站在对方的立场看问题，学会从他人的立场出发。而许多人正是没有意识到这种倾向，往往在沟通的过程中产生了矛盾冲突。

松下幸之助总希望缩短与对方沟通的时间，提高会谈的效率，但他一直因为双方存在不同意见、说不到一块儿而浪费大量时间。但他知道对方也是善良的生意人，彼此并不想坑害对方。在23岁时，有人给他讲了一则故事——《犯人的权利》。他从中领悟到一条人生哲学，就是学会从他人的立场出发。凭借这条哲学，他与合作伙伴的谈判成功率突飞猛进，人人都愿意与他合作，也愿意做他的朋友。松下电器公司，能在一个小学没读完的农村少年手上，迅速成长为世界著名的大公司，就与松下这条人生哲学有很大关系。

某个犯人被单独监禁。有关当局已经拿走了他的鞋带和腰带，他们不想让他伤害自己。这个犯人用手提着裤子，在单人牢房里无精打采地走来走去。他提着裤子，不仅是因为他失去了腰带，而且因为他失去了15磅的体重。从铁门下面塞进来的食物是些残羹剩饭，他拒绝进食。但是现在，当他用手摸着自己的肋骨的时候，他嗅到了一种万宝路香烟的香味。他喜欢万宝路这个牌子。

透过门上一个很小的窗口，犯人看到门廊里那个孤独的卫兵深深地吸一口烟，然后美滋滋地吐出来。这个囚犯很想要一支香烟，因此，他用他的右手指关节客气地敲了敲门。

只见卫兵慢慢地走过来，傲慢地说道："想要什么？"

囚犯回答说："对不起，请给我一支烟，就是你抽的那种——万宝路。"

卫兵错误地认为囚犯是没有权利的，所以，他嘲弄地哼了一声，就转身走开了。

囚犯却不这么看待自己的处境。他认为自己有选择权，他愿意冒险检验一下他的判断，所以他又用右手指关节敲了敲门。这一次，他的态度是威严的。

那个卫兵吐出一口烟雾，恼怒地扭过头，问道："你又想要什么？"

囚犯回答道："对不起，请你在30秒之内把你的烟给我一支。否则，我就用头撞这混凝土，直到弄得自己血肉模糊，失去知觉为止。如果监狱当局把我从地板上弄起来，让我醒过来，我就发誓说这是你干的。当然，他们绝不会相信我。但是，想一想你必须出席每一次听证会，你必须向每一个听证委员会证明你自己是无辜的；想一想你必须填写一式三份的报告；想一想你将卷入的事件吧——所有这些都只是因为你拒绝给我一支劣质的万宝路！就一支烟，我保证不再给你添麻烦了。"

卫兵从小窗里给他一支烟吗？当然给了。他替囚犯点了烟了吗？当然点上了。为什么呢？因为这个卫兵马上明白了事情的得失利弊。

这个囚犯看穿了士兵的立场和禁忌，或者叫弱点，因此达到了自己的目的——获得一支香烟。

松下幸之助先生立刻联想到了自己：如果我站在对方的立场看问题，不就可以知道他们在想什么、想得到什么、不想失去什么了吗？

仅仅是转变了一下观念，学会站在对方的立场看问题，松下先生立刻获得了一种快乐——发现一项真理的快乐。后来，他把这条经验教给自己的每一个下属。

站在对方的立场考虑问题，从对方的立场出发，你会发现，你变成了别人肚子里的蛔虫，他所思所想、所喜所忌，都进入你视线中。在各种交往中，你就可以从容应对，要么伸出理解的援手，要么防范对方的恶招。对于下棋高手来讲对方好点就是我方好点，一旦知道对方出什么招，大概就胜券在握了。

日本人在洞察对方立场上的精明，打败了很多与他们做生意的美国人。20世纪70年代至80年代，日本人能成功地进入美国市场，并获得巨大成功，"从他人的立场出发"起到了很大的作用。

美国人科恩受雇于一家公司，这家公司主要从事国际经营业务，他处于一个至关重要的管理阶层。这个位置，用他的上司的话来形象地表达就是："嗨，科恩，我们俩可谓如胶似漆啊！"

在取咖啡的时候，科恩接触到那些从海外回来的人，他们满肚子都是异国情调的故事。有时，科恩在上班之前吃早饭的时候碰到他们，就问："嗨，你去了什么地方？"

一个人就说："啊，刚从新加坡回来。我在那里拼凑了这笔900万美元的交易。"

然后，科恩又问另一个人："你呢？"

他说："哦，阿布扎比。"其实科恩连阿布扎比在哪儿都不知道。

出于礼貌，他们会问："你去了什么地方？"

科恩能说什么呢？好吧，去过动物园、水族馆——而且，盼望去植物园，没什么可谈的。

科恩一次又一次地恳求老板："给我一些时间，给我一次机会，派我到外国去，让我做成一笔交易。"科恩纠缠太久，老板终于哼哼道："好吧，科恩——我打算派你去东京和日本人打交道。"

科恩高兴极了，兴奋之余，他告诫自己："这是我的机遇！幸运在向我召唤！我要打败日本人，然后向其他地方进军。"

一周以后，科恩已经在飞往东京的途中，去进行为期14天的谈判。他带上了所有有关日本人的思想和心理的书籍。他一直告诫自己："我真的要做好。"

当飞机在东京着陆时，科恩是第一个小跑并带着满腔热情走下舷梯的人。有两位日本人帮他过海关，陪同他上了一辆大型高级轿车。

当大轿车行驶的时候，科恩的一位东道主问："顺便问一下，您懂这种语言吗？"

科恩说："你是指日语吗？"

那人说："对呀，这是我们祖国的语言。"

科恩说："哦，不会。但是我希望学一些表达方式。我随身带了一本字典。"

那人的同伴说："您担心不能按时赶上您的返程飞机吗？"

科恩从衣袋里掏出返程机票，递给他们看，以便这辆大轿车知道什么时候来接他。当时他没有意识到一点，就是对方知道了他的最后期限，而他不知道他们的最后期限。

对方没有立即开始谈判，而是首先让他体验日本人的殷勤好客和日本文化。每天晚上有四个半小时，他们让科恩坐在硬木地板的软垫上，吃传统的晚餐，享受传统的娱乐。日本人的计划是把科恩的时间拖延到最后，让科恩的谈判时间变少，以获取谈判时的利益最大化。

到了科恩要返程的头一天，和日本人的谈判开始了，科恩也因为着急第二天的返程，在谈判过程中失去了主动，也让公司减少了应得到的部分利益。

从上面的例子可以看出，沟通不仅仅是获取对方的信息，还应该把握好自己应该给予对方的信息是什么，只有如此，才能减少不必要的损失。

沟通因性格而定

性格上有问题的下属，往往是管理上棘手的一环。他们的工作习惯、态度不只影响他们本身的工作效率，还因个人情绪发泄影响到其他员工的士气和生产力。所以，身为主管不能忽视员工性格上的问题。当然，没有人期望你能解决所有人的性格问题，即使心理医生也没有这个把握，但你可以在可能的范围内和他们沟通一下，试图了解他们的困难。

1. 感情脆弱，容易受伤型

假如你的行业要面对很大压力，而偏偏有易受伤的员工，当他跟不上大队的进度，或犯错误时，你应该怎样处理？

首先，在措辞上力求小心。尽量少以个人立场发言，以免他有被针刺的错觉，多强调"我们"和"公司"。小心不要伤害到对方的自尊心，把握机会称赞他在工作上的其他表现和肯定他对公司的贡献。对于易受伤型的员工，你必须以鼓励代替责骂。并向他解释，执行不了公司的决策而出现差错，和个人能力不一定有关。

2. 悲观型

员工事事悲观，对新观念不抱任何希望，样样也不想改变，阻碍了公司的前进。要改变这类员工的观念不易，在他面前一定要维持一贯乐观进取的态度，让他有所依赖。

假如他表示某方法不通，不妨让他找出可行的方法，鼓励他积极进取。

3. 脾气暴躁型

公司内有脾气暴躁的员工，自然永无宁日，争吵不停，如何令脾气大的下属收敛一下？

首先，在该员工心平气和时，让他们知道乱发脾气的不妥当之处，并强调公司内不容许个别员工破坏纪律，也不会姑息乱发脾气的行为。

不过，当他情绪激动时，最好先不要发言，听他诉说心中的不平。一个愤怒的人，通常也会有很复杂的情绪，细心地聆听可以令他静下心来。

4. 难以捉摸型

这种特立独行的员工，通常会在一些创作部门中找到。这类人多数对自己的工作能力十分满意，并恃才傲物。任何人也难以令他们改变。

像这种有才华但绝不妥协的员工，最令老板头痛，对他们又爱又恨。假如他的才能直接影响到公司的生意，那只好顺应他的个性发展出另一套适合他的管理方式，或向不习惯的客户解释他的特殊情况。

不过，如该员工不是从事创造性工作，而是从事生产或维修部门工作的话，则绝不可以采取放任态度，因他会严重影响到公司的运作，引起其他员工的不满。

总而言之，员工的个性往往会影响到公司的运作，一大意便会让公司蒙受很大的损失，所以主管们绝不能只顾工作进度而忽视了人的因素。

乔治到那家钢铁公司工作还不到一个月，但他工作很努力，每天都在学习一些新的知识来补充自己非专业的不足，不久他就发现了炼铁的矿石并没有完全充分地冶炼，一些矿石还残留没有被完全冶炼的铁。他想：如果公司长久的这样下去，岂不是要受到很大的损失。

于是，他找到了负责这项工作的工人，并和他说明了问题。可这位工人说："这又不是你的问题，如果真有问题的话，工程师会和我说的，好像这不是你的事，最好少管。"

乔治又找到了负责的工程师，对他说明了工作中的问题，工程师说："我们的技术是一流的，这样的问题应该不会出现，再说，你一个做文员的，这样的问题你没有发言权。"这位工程师甚至以为，年轻人怎么都这样爱表现自己。

但是乔治并没有放弃自己的想法，他在不断反映问题的时候还在不断地寻找解决问题的方法，虽然这个问题和他的专业没多大的关系。他在学习中找到了问题的答案，并整理出更为合理的资料交给了总工程师。

总工程师看后说："年轻人，你反映的问题真是个问题，你说得很对。我们公司有一流的技术，出现这样的问题，我也觉得很遗憾，我马上召开会议讨论这个问题。"

公司很快解决了这个没有被完全冶炼的铁的问题。后来，公司的总经理知道了这件事，不但奖励了乔治，而且还晋升他为负责技术监督的工程师。

这对乔治来说，可以算得上是职位上的一次飞跃。本来他一个文员离工程师的位置还有很远，但总经理说："有你的行为态度和努力，我相信没有人能比你更能胜任这项工作。"

从表面上看，乔治的行为是在为公司少受损失做努力，实际上他也是这么做的。但我们看到的结果证明，他所做的一切都得到了承认，并得到了实现自己价值的砝码，最终受益者还是他本人。

第四章
沟通的学问

  为沟通营造一种良好的润滑剂，只要有了这种润滑剂，人与人之间的沟通就能畅通无阻。流畅的沟通能促进企业文化和团队精神的建设，而企业文化和团队精神的建设也有助于沟通的流畅。

如何与下属谈话

一个聪明的领导，应该懂得如何创造与员工交流的机会，而不只是被动地等待。一起吃饭是一个好主意，尤其在中国的传统文化中，饭桌上的交流可能是最推心置腹的。当然，即使是一起吃饭，形式也可以多样，和团队还是和个人，工作餐还是正式的晚餐，在公司内还是在公司外，都可以根据情况的不同进行选择。有的团队每隔一段时间就举行一次全体人员的早餐会，在团队中以自助的形式举行，几个人围在一起，没有级别的束缚，显得其乐融融。相比较来讲，工作午餐是简便的，晚餐则要正式一些。联想的领军人物杨元庆的工作午餐就很有特色，与员工共进，拉近了彼此的距离。除了吃饭以外，还有许多其他的活动，根据团队的不同情况，交流机会也不同，但只要你肯寻找，总能找出适合你们团队的方式。

很多领导总是以没有时间来为自己忽略了与员工的交流找理由，但实际上，他们根本不懂得怎样去倾听。在彼此的沟通中，倾听是最主要的交流技能。如果你真正用心地倾听了别人的诉说，他会对你感激不已。倾听的技巧有很多，这都需要你在日常的交流中慢慢养成。

集中你的精力，排除可能的干扰因素，关上办公室的房门可以消除大部分噪声的干扰，请你的秘书来接听电话，以集中你的注意力，请一定一定——专注地听他把话讲完。

请面对你交谈的对象，这不仅表示你给予了谈话者完全的注意力，使得谈话者更自信，感觉舒适，还可以使你在倾听的时候看清楚谈话者表情的变化。

在倾听的过程中，注意谈话者说话的语调、音量以及沟通的强度，既要听出内容，又要听出所表达出的情感。要透过表面的语言听出谈话者的意思和意图。有时候，感情比实际的话语更富有意义。

在谈话结束之前，或者在你完全理解了谈话者的意图之前，不要回答问题，因为当你思考着怎样措辞时就不太容易听清别人正在传达的信息，而且，这样做有的时候会显示出你的不耐烦。

听过了谈话者的叙述，请不要着急下结论，你还要确定一下自己是否真正掌握了谈话者的意图。一般来讲，可以用这样的话开头"如果我理解正确的话，你的意思是……"等，在倾听的时候，如果没有把握，不要随便地进行幽默的调侃。要知道，你倾听的是一件非常严肃的事，它需要你用心去体会。

自由的沟通与交流可能会被某些人所利用，不知不觉地，团队中可能有了某人某事的蜚短流长。试想一下，如果你是这些闲碎杂语中的主角之一，你就需要保护自己不受攻击，于是你可能会不停地猜测，担心别人对你的议论，工作效率肯定会降低，对工作的个人满意程度下降，对自己所处的职位也不会持积极态度，没办法，换个环境吧——这就是流言带来的最终后果。

作为管理人员，面对团队中的流言你所要做的是要用适当的方式马上干涉并阻止这一行为，当然，这种干涉不必很正式，可以私下向发起者或传播者暗示这种行为的不正确以及给团队带来的不利影响。当然，你并不能阻止所有的谣言在团队中的蔓延，有些人以此作为一种爱好，或者作为从其目前的工作转移视线的方式，在这种情况下你所能做的就是树立榜样，不去议论别人的短长。

　　尽管你做了很多工作，且觉得很辛苦，但员工的离开有时候还是那么不可避免。其实，有的员工离开团队仅仅因为是到了他们应该离开的时候，过分的勉强挽留反而显得苍白无力。这时，你们作最后的沟通，你应该知道这个员工离开的原因。最后的一次谈心内容可以涵盖很多，过往的总结、未来的展望，但彼此的建设性的意见才是谈话的核心。你可以对员工提出客观的建议，这样能体现出你的真诚与坦荡。当然，你的真诚会得到回报，大多数的员工都愿意在即将离开的时候讲出积压在心头的对团队的意见与看法，这些都是你要珍视的资料与经验。新的工作为什么对他有吸引？什么才是真正能使他留下来的理由？他是不是有可能在未来的某一天重新成为团队的一分子？在坦诚而无忌的交谈氛围中，你会对自己的团队有更深的了解，对如何留住人才有更深刻的感悟。

沟通从微笑开始

你喜欢笑脸常开的人还是喜欢板着面孔、面无表情的人呢？相信大部分的人都会选择前者，既是如此，身为管理者就要投大家所"好"，充分利用微笑这一武器帮助自己进行管理工作。在现实生活中，微笑是组织良好的人际关系、调节各种矛盾的润滑剂。微笑就如同阳光，能给你的下属带来温暖，使他们对你产生宽厚、谦和、平易近人的良好印象；它能缩短你与下属彼此间的距离，产生心理上的相容性。

1. 早晨上班时。在开始一天工作的早晨，你微笑着向下属们道一声：早上好！温和的情谊和真挚的笑脸必将使你的下属心中充满感动，他们感觉管理者很随和，一个好印象的种子就在一个微笑间植根下属的心底。

2. 下班时。忙碌了一天后，下班了，若是此时你能微笑着对他们点点头，由衷地说一声"辛苦了"，你的下属必定会觉得你是个体贴人的主管，一天工作的辛苦也会因为你的一个微笑、一个问候而化为乌有。

3. 在汇报工作时。在汇报工作时，你若能对汇报者报之以微笑，雇员们将会从你的微笑中受到无形的鼓励，他们会认为你对所汇报的问题感兴趣，因此他们会将自己心中对该问题的一些有价值的新见解和盘托出，也许就是这么一个新设想将使你的项目焕然一新，而较为普遍的情况则是你从中了解到了下属们的真实心态和他们的工作情况，而这些也是身居上层的主管需要掌握的必不可少的信息。

你知道吗？就是微笑挽救了RMI（美国钢铁与国家蒸汽厂的子公司）。多年来RMI的表现未达标准，生产力低下。近年来RMI整顿成功，几乎归功于采取员工导向的生产计划。所谓的员工导向计划其实质就是要求大家保持微笑，让每一位员工都感觉到自己被重视、被关怀。RMI的标志是一个微笑的脸，以至于信纸、文具、厂房标志，甚至工人头盔都有这个笑脸的标志。其总经理老吉大部分时间都花在了巡逻厂房，与工人打招呼、开玩笑，并且昵称两千多名工人的名字。结果，老吉三年来未投资分文，却挽救了几乎80%的生产力。

然而，我们所说的微笑应该是发自内心的、真诚的笑，是有适度、有节制的笑容。它既不是那种"笑面虎"的笑里藏刀，也不是那种只会打哈哈的、无原则的滥笑。

我们所推崇的微笑应该是真挚的、发自内心的，是自己乐观心态的真实体现，并把这种乐观的情绪传染给你周围的人，从而保持愉悦的心态，充分发挥工作干劲。

古人早有"回眸一笑百媚生"的诗句。现实生活中，许多人也常用"笑比哭好"来调侃世人应有的苦乐观和处世观。没有笑容，人类就缺乏生存的一项主要内容；没有笑容，再多的财富也将发霉。

在生意场上，笑同样具有不可低估的作用。试想：一个带着沮丧的脸与一个和颜悦色面带笑容的人，别人更乐意接受哪个？

你想从客户的兜里掏出钱来，你想取得客户的信赖，请在不乏庄重和稳重的前提下给对方送去让人感到惬意的微笑。即使遇上难缠的客户，也能使其在你的微笑面前放下架子，正是笑的亲和力产生的心理作用的结果。一笑值千金。笑一笑，金钱到。

事实证明，在商场中适度的微笑不但能吸引客户、留住客户，还能使客户对你难以忘怀，日后在无意间还会重踏你的店门。如今，靠一次性生意攫取利益的时代已经一去不复返了，除非你是做非正当生意，否则，就得慢慢来，以笑容换取客人的金钱，以笑容吸引回头客。

笑是一个礼物、一种无价的礼物；笑是一种投资、一种感情的投资，至于笑在商业领域所起的作用，在你的经济回报中绝不难找见。

日本著名电器老板松下幸之助说："以笑脸相迎，这就是有偿服务。"微笑服务，向来被视为商家经营的摇钱树。

美国夏威夷，虽然仅有100万人口，但它却以热情洋溢的笑脸，每年接待来自世界各地400多万游客。一位澳大利亚商人说："阳光、海滩我们也有，但夏威夷的笑脸，只有在这里能够找到。"可见，微笑不只是一种服务态度，事实上已成为一种商业竞争的手段。

一次，希尔顿召集全体员工开会，他对大家说："现在我们酒店新添了第一流的设备，你们认为还应该配合一些什么第一流的东西，才能使顾客更喜欢希尔顿呢？"员工们的回答五花八门，但希尔顿都不满意，他笑着摇摇头："你们仔细想一下，如果酒店只有第一流的设备，而缺少了第一流服务员的微笑，顾客会认为我们提供了他们全部最想要的东西吗？缺少了服务员的美好微笑，好比花园失去了春天的太阳与春风。假如我是顾客，我宁愿住进只有破旧的地毯却处处见到微笑的小店，而不愿意走进只有一流设备但处处阴沉着脸的酒店。"

希尔顿经常到设在世界各地的希尔顿酒店视察，他对员工询问得最多的一句话便是："你今天对客人微笑了没有？"

"微笑服务"成了希尔顿人的座右铭。当1930年美国经济爆发全面危机时，整个美国的酒店倒闭90％，希尔顿旅馆也陷入困境，一度负债50万美元。即使在如此艰难的时刻，希尔顿也不忘提醒员工要面带微笑，他告诫大家千万不可把愁云摆在脸上，让微笑永远属于顾客。经济危机一过，希尔顿酒店立即进入了它发展的黄金时期。希尔顿酒店总公司由初创时的一家发展到几十家，遍布五大洲的各大城市。它成功的奥秘之一，就是服务员春意融融的微笑。

希尔顿的成功经验告诉人们：在商界领域，微笑占有不可忽视的地位。没有微笑，就没有优质的服务，没有优质的服务，就没有财富。

在顾客面前，如果你没有更好的精神赠品，就赠送微笑吧。即使是一个衣衫褴褛的过路乞丐，你也应该对他一视同仁，因为微笑能带来财富。

赞美是沟通强有力的武器

渴望赞美是每个人的一种基本愿望。所以，当我们生活在社会当中，要想在善意和谐的气氛中做一些事情，就应该去寻找别人的价值，并设法告诉他，让他觉得他的价值实在值得珍惜，从而创造出一个崭新的自己，这样我们等于扮演了鼓励他、帮助他的角色。这就是赞美的意义所在。

心理学家威廉姆·杰尔士说过这样一句话："人性最深层次的需求就是渴望别人的欣赏。"在生活和工作当中，一句诚意的赞美，能使人如沐春风。每个人都需要赞美，渴望获得掌声和欢呼。对他人由衷的赞美不仅是对他人有价值的肯定，同时也会使他产生一种成就感，从而更加激发他的自信和勇气。

在人与人的交往中，竞争的激烈使人与人之间也越来越难以相处。要想让别人对你敞开心扉，就要首先使他相信你的真诚。而几句适度的赞美，能像润滑剂一样使对方产生亲和心理，同时也体现了你的胸襟宽广，气度非凡，使别人愿意同你交往，为交际沟通提供前提。

丘吉尔说："你要别人具有怎样的优点，你就要怎样地去赞美别人，真诚的赞美可以使对方按照你的意图去行事。"

教师大都体验过这样的经历：对落后的学生，过多的处罚和批评是无济于事的。这些学生看似一无是处，但只要你能找到一件值得赞扬的事，对他予以赞扬，他就会努力上进，似乎变成了另外一个人。要是不断鼓励，也许会使他从此变成另一种人。

赞美虽不是包治百病的灵丹妙药，但往往对人产生深刻的影响，有的赞美甚至能改变人的一生。英国大文豪狄更斯年轻时潦倒不堪，写的稿子不断被退稿。有一天，一名编辑承认了他的价值，写信夸奖了他。这个赞美改变了狄更斯的一生，从此世界上多了一名伟大的文学家。

赞美是一件好事情，但并不是一件简单的事。若在赞美别人时，不审时度势，不掌握一定的技巧，即使是真诚的赞美，也会使好事变为坏事。制约赞美的因素有两方面：一是赞美者本人的赞美是否是发自内心的、真诚的，因为虚假的赞美是注定要失败的。二是被赞美者所得到的赞美是否是他所期望的、合乎情理的赞美，如果被赞美者所得到的赞美是不合情理或不是他所期望的，那么这个赞美也是失败的。因此，在使用赞美的时候，有几个方面需要注意。

1. 实事求是、措辞适当

当你的赞语没说出口时，先要掂量一下，这种赞美有没有事实根据，对方听了是否相信，第三者听了是否不以为然，一旦出现异议，你有无足够的证据来证明自己的赞美是站得住脚跟的。所以，赞美只能在事实基础上进行，不要浮夸。

措辞也要适当，一位母亲赞美孩子："你是一个好孩子，有了你，我感到很欣慰。"这种话就很有分寸，不会使孩子骄傲。但如果这位母亲说："你真是一个天才，在我看到的小孩中，没有一个人赶得上你，"那就会使孩子骄傲。

2. 赞美要具体、深入、细致

抽象的东西往往很难确定它的范围，难以给人留下深刻印象；而美的东西应该是看得见、摸得着的，这就是具体。如要称赞某人是个信守承诺的人，可以说"老王有一点非常难得，就是无论给他多少货，只要他肯接，就绝不会延期"。所谓深入、细致就是在赞美别人的时候，要挖掘对方不大显著的、处在萌芽状态的优点。因为这样更能发掘对方的潜质，增加对方的价值感。赞美所起的作用会更大。

3. 借用第三者的口吻赞美他人

有时，我们为了博得他人的好感，往往会赞美对方一番。若由自己说出："你看来还那么年轻"这类的话，不免有点恭维、奉承之嫌。如果换个方法来说："你真是漂亮，难怪某某一直说你看上去总是那么年轻!"可想而知，对方必然会很高兴，而且没有阿谀之嫌。因为在一般人的观念中，总认为"第三者"所说的话是比较公正、实在的。因此，以"第三者"的口吻来赞美，更能得到对方的好感和信任。

也可以在背后赞美对方，如果当面赞扬一个人，有时反而会使他感到虚假，或者会疑心你不是诚心的。一般来说，间接的赞扬无论是在大众场合或在个别场合，都能传到本人耳中，这样做不仅能达到赞扬的目的，还能使对方感到你对他的赞扬是真诚的。

4. 赞扬须热情

有的时候，我们称赞别人会让人觉得我们不够热情、漫不经心。

如："你这篇文章写得蛮好的。""你这件衣服很好看。""你的歌唱得不错。"这种缺乏热诚的、空洞的称赞并不能使对方感到高兴，有时甚至会由于你的敷衍而引起对方的反感和不满。

如果把以上这些话改成："这篇文章写得很好，特别是后面一个问题十分有新意。""你这件衣服很好看，这种款式很适合你的年龄。""你的歌唱得很不错，不熟悉你的人没准还以为你是专业演员哩。"这些话比空洞的赞扬显然更有说服力。

5. 把赞美用于鼓励

用赞美来鼓励人，能增强人的自信心。如果想让一个人经常努力地把事情干好，首要的是激起他的自信心。有些人因第一次干某种事情，干得不好。你应该怎样说他呢？不管他有多大的毛病，你应该说："第一次有这样的成绩就不错了。"对第一次登台、第一次比赛、第一次写文章、第一次……的人，你这种赞扬会让人深刻地记一辈子。

6. 赞美还要注意适度

适度的赞美会令对方感到欣慰、振奋；过度的恭维、空洞的奉承，或者频率过繁，都会令对方感到不舒服，甚至让人感到难堪、肉麻，结果令人讨厌，适得其反。

赞美还要注意用适当的方式，一般的赞美方式(方法)大体有下面几种。

1. 对比性的赞美。就是把被赞美的对象和其他对象做比较，以突出其优点。常用"比……更……"或"和什么相比你是最……"等句式表示。俗语说："有比较才能有鉴别。"对比性赞美给人一个很具体的感觉。但也正因为如此，从另外一个角度看，它会产生一个负面作用，从而容易引起人际关系中的矛盾。所以在比较时就不应该用贬低来代替赞美。

两个学生各拿着自己画的一幅画请老师评价。老师如果对甲说："你画得不如他。"乙也许比较得意，而甲心中必定不悦，不如对乙说："你画得比他还要好。"乙固然很高兴，甲也不至于太扫兴。

2. 断语性的赞美。就是给被赞美者一个总结性的良好评价，语气要以肯定判断的形式表示。实际上，对别人的工作进行肯定就是一种赞美。但是这种赞美由于是较为全面的、总结性的评价，所以容易流于抽象，与赞美的具体性产生矛盾。赞美者也会给人一种高高在上的感觉，所以它经常和其他的方法结合在一起综合使用。

3. 感受性的赞美。就是赞美者就赞美对象的某一点表示出自己的良好感受。也体现了赞美的具体性，因为它陈述的只是赞美的感受，不受其他条件的限制，所以这种形式能充分发挥其赞美的优势。要实施这种赞美有两个步骤：一是把被赞美者值得肯定的优点"挑"出来；二是让被赞美者知道你对他的优点很满意。这样，赞美的作用就自然产生，而且使人信服。

幽默沟通的艺术

幽默是一门社交艺术，是人与人相处的润滑剂。幽默的领导不但受员工爱戴，团队的气氛也会因此开朗，从而提高员工的工作意念。在座谈会上就常有人表示："我的上司幽默有趣，深具开朗的气质，我做起事来也格外有劲。"

在生活中，谁都喜欢和那些谈吐幽默、极尽风趣的人交谈，而口才好的人，差不多都善用诙谐幽默的语言，他们大都具有极强的幽默感。

英国作家哈兹里特把幽默在谈吐中的作用，比作是炒菜中的调味品。这一比喻十分恰当，它说明了幽默风趣在谈话中是绝不可缺少的。尽管人们说话时有许多实在的内容，但是如果没有幽默，谈话就像一杯白开水，没有味道，也缺少吸引人的魅力。但是尽管幽默能使听者对你说的话感兴趣，却终究并非食物，因此很少能从根本上改变听者的态度。所以我们对幽默的作用，既不要小看，也不宜估计过高。

幽默能引起人们的笑容，而含笑谈话往往是受人欢迎的。有人赞美笑是礼貌之花、友谊之桥。著名科普作家高士其说："笑与美原是姐妹，笑是美的良友，笑是爱的伴侣：笑有笑的哲学，笑有笑的教育学。"由此可见，笑是神通广大的，生活中不可缺少。

幽默的调味品的作用主要表现在以下几个方面。

1. 使人精神放松

一个社会不能没有幽默。有人形象地说:"没有幽默的语言是一篇公文,但幽默用尽的人是一尊塑像。"现代社会趋向高效率、快节奏,需要大信息量,这样必然会使人的大脑产生疲劳。如果我们的生活多点笑声,多点幽默,就会消除人们的烦躁心理,保持情绪的平衡。说话,在某种程度上,具有一定的娱乐性。它不应该让人感到紧张、费力,而应给人一种合适轻松之感。幽默的谈吐往往惹得人捧腹而笑,而缺少幽默的谈吐会让人感到沉闷枯燥。

2. 使人摆脱窘境

幽默、风趣的言谈,有时能使尴尬、难堪的场面变得轻松和谐,使人们立即消失拘谨或不安;有了它既活跃了气氛,又融洽了人们的关系。

里根就任美国总统后,第一次访问加拿大时,他向群众发表演说。可这时许多举行反美示威的人不时地打断这位总统的话语。陪同他的加拿大总理皮埃尔·特鲁多显得很尴尬,里根却面带笑容地对他说:"这种事情在美国时有发生。我想这些人一定是特意从美国来到贵国的。他们想使我有宾至如归的感觉。"里根用幽默、风趣的言谈,使紧皱双眉的特鲁多顿时眉开眼笑了。

3. 讲明是非,进行教育

风趣、幽默将人的智慧和语言技巧巧妙地结合起来,揭示出事物的深刻含义,让人在含笑中明辨是非。它还可采用影射、讽刺的手法,巧妙地揭露对方的缺点,使人在笑声中受到教育。

当然，风趣幽默的作用还很多，并不只是上面几种。我们还可以用幽默去鼓励别人，帮助他们取得更大的成就，也可以把重大的责任托付于人，减轻自己的负担，以便你更主动、更自由地发挥你的创新精神，在事业上有所建树。

幽默固然很重要，但毕竟不是生活的全部，也不是万能的。运用幽默只能是为了发展和谐的人际关系，为了自己或别人。以这为出发点，在人际交往的范围之内，幽默的力量才是大有可为的。

我们生存在一个竞争越来越激烈的社会中，人们变得越来越匆忙。然而在追求效率、追求时间的同时，在人们的心中也产生了一种莫名的心理压力，使人们感到烦闷、暴躁、忧虑、无奈……于是人们开始寻找一些能使自己减压的技巧。而幽默，是最好的"减压阀"。它不仅能使人的心情变得轻松愉悦，还能使人们谈笑风生，笑口常开。此外，幽默还有助于人们在交际中左右逢源，事业成功。不少有眼光、有见识的公司经理、董事长们，都喜欢任用那些能自我解嘲，善于创造欢乐气氛的人。因为这些人容易取得人们信任，人们也就乐于接受他们的看法和他们的服务。

要想成为一个幽默的人，就要学会"幽默思维法"。法国大文学家巴尔扎克有一段时间穷困潦倒，身无分文。一天，巴尔扎克写作写到深夜，饿着肚子上了床，他辗转反侧，难以熟睡。正在这时，恰有一个小偷光顾，小偷翻东西的声音吵醒了巴尔扎克。巴尔扎克对小偷说："请你别再找了。我白天都翻不到钱，你在夜里难道能翻到钱？"小偷听后知趣地走了。

巴尔扎克用常人可能无法想到的表达方式，既赶走了小偷，又巧妙地说出了自己的窘境。从这一事例中足可见他的思维方法不同于寻常人。

一件很平常的或使个人懊恼的事到了幽默家的眼中，就有可能显出滑稽可笑的成分来。而没幽默感的人，即使很好笑的事经他嘴里讲出来也会味同嚼蜡。为什么会出现这种不同呢?原来幽默家有他们自己的"幽默思维法"，而常人却很少或几乎没有。那么究竟什么是"幽默思维法"呢?我们可以观察、分析一下那些幽默家的杰作，就可以通过做到以下几点得以学会"幽默思维法"了。

幽默家在进行幽默思维时，把两件表面似乎毫无联系的事物牵扯在一起，从不协调中产生新的协调，从而产生幽默，我们不妨把它叫作"近似联想"。可以说，近似联想是幽默思维的基本要素，也是创造性思维的重要因素。

俄罗斯有一位著名的丑角演员杜罗夫，在一次演出的幕间休息的时候，一位很傲慢的观众走到他的身边，讥讽地问道:"丑角先生，观众对你非常欢迎吧?"

"还好。"

"要想在马戏班中受到欢迎，丑角是不是就必须具有一张愚蠢而又丑怪的脸蛋呢?"观众又傲慢地问。

"确实如此，"杜罗夫回答说，"如果我能有一张像先生你那样的脸蛋的话，我准能拿双薪。"

这位傲慢的观众的脸蛋同杜罗夫能否拿双薪本无丝毫内在的联系，在这里杜罗夫却巧妙地把它们牵扯在一起，从而产生了幽默，对这位傲慢的观众进行了讽刺。

对人们来讲，"近似联想"可使我们增加彼此间的联系，也可以活跃谈话气氛。

有这样一则幽默：

甲：你说足球和水球，哪个球门难守?

乙：我说什么门也没有后门难守。

简略的两句对话，巧妙地把"守球门"同"走后门"联系在一起，抨击了社会上走后门的歪风邪气，也提醒那些掌握一定权力的人们要严把"后门"关。

要想学习"近似联想"的技巧十分简单，你只要在脑子里排除一般的、常规的联想和其他的联想，那么剩下的联想一般都统称为"近似联想"。这种做法任何人都可以试一试。

最后，我们可以给"幽默思维"做一个简单的归纳：幽默家总是在协调的事物中找出不协调的因素来，敏锐地观察变幻着的事物中怪异的地方，并用十分自然的口吻说出来，逐渐形成一种习惯就是幽默思维。

培养幽默思维法就是这么简单，你稍稍努力尝试就可以学会，成为一个谈吐幽默的人。

上下沟通才能战无不胜

沟通搭起一座桥梁，让双方之间的意见得到充分的交流，团队领导在管理员工时，要注意与员工的沟通，同时，也要注意与上司之间的沟通。

某单位的一位团队主管，正在带领自己的队伍进行某一项目的攻关。正在紧要的关头，该主管的上级把主管找来，说要撤换主管手下的一名助手。该主管大惑不解，因为这位助手是他的得力干将，工作一向勤勤恳恳，为什么上司突然要撤换他呢？主管敲开了上级办公室的门，先详细介绍了项目的进展情况，并对该下属的工作加以说明。看上司脸色比较好时才问为什么要调离这位下属。上司的回答出人意料，他说听别人说该下属在另一家公司兼职，结果某一天上司看见该下属从那家公司里出来，所以想先把该下属撤换掉。主管这才明白，原来是因为项目中有一个重要配件需要到那家公司购买，而那位下属又是这方面的专业技术人员，所以才派他去，不料却造成了这样的误会。经过一番解释，上司明白了原委，把下属留了下来。主管又去找到那位下属安抚了一番，结果这个项目圆满完成了。

在这个例子中，这位主管很成功地完成了沟通的任务，同时也说明了团队主管在管理员工时，不能只注意与下层员工的沟通，而忽略了与上司的沟通，不了解情况的上司一插手反而会把事情搞糟。主管要是能够向上司及时反映情况，使你的上司认为你能够妥善运用部属，你就成功大半了。这个评价就等于上司在你的领导能力上打了60分。

中级管理是一个容易被上级和下级批评的职位。将上司的命令正确地传达给部属是你的责任，但太过于投入则会被看轻，认为你只是一个传声筒；假如你认为将部下的意见正确地向上司报告是自己的义务，并且忠实行之，则可能会被误解为对工作缺乏自信；假如你自己一个人完成了任务，则又会被批评："让部属做就可以了，不是吗？"若你命令部属负责，并加以指导、督促，则又可能遭他人埋怨"他只是嘴巴会说而已"。上述这些情况在团队中屡见不鲜，也有不少人在这件事情上栽了跟头。一些本来有能力的主管接到了任务之后，摩拳擦掌要大干一番，结果由于缺乏上司的支持而功亏一篑。相反一些主管对上司的意图理解得很明确，但没有及时向员工传达，布置清楚，员工们又会认为主管耽误了时间，没有水平。所以做好员工与上司之间的沟通，在他们之间架起一座桥是非常必要的。

团队在某种意义上说就是一支军队，从第一线的主管到中级主管，都应该担负起相当程度的沟通角色和责任，不可在一旁看热闹。如果你现在是一位主管的话，除了要和部属、同事沟通之外，你也需要经常和那些级别比你高的主管进行沟通，做到上情下达和下情上达。

那么，如何和上级主管以及员工们进行有效的沟通呢？由于面对的沟通对象不同，使用的方法也不一样。对上司要以介绍、说明、汇报为主，要尽可能详略得当地向上司报告情况，口气也要相当尊敬；而对于员工就要明了，必要时还要尽可能详细地说明。同时还要注意不要摆架子，对上级不要过分谦卑。

和下级沟通的学问

领导者在与下属交际的过程中要把他们当朋友对待，时常设身处地为他们着想。这就必须掌握与下属沟通的技巧。

1. 尽量满足合理要求

对待下级的要求，首先必须判别是否合理，合理的予以满足，不合理的不予以满足，即坚持合理性原则。

判定下级的要求是否合理，是个很复杂的问题。可以说，有多少种具体要求，就有多少种判断标准，因此要想一一罗列这些具体标准是不现实的，在这里也是不必要的。但可以从物质方面和精神方面的要求来分别探讨各自所依据的客观标准。

2. 急人所需，雪中送炭

一般情况下，下级在同一时期中经常有几种需求，但其中必定有一种要求是占据主导地位的。领导者应依据需要层次性原理，善于认定并抓住主导性的要求，有针对性给予满足。当下级的生存需要还没有得到基本满足时，你却着重去满足他的自尊的需要，他的兴趣当然不会大；反之，如果应当着重满足他自尊方面的需要，你却给他满足生存需要的东西，他仍然会觉得不满足，也难以充分调动他的积极性。所以，提高满足下级要求的效果，就必须了解下级的生活状况和思想状况，了解他的主导性需要有哪些，根据合理性原则的要求，尽可能给予满足。

满足主导性的需要，这是急人所需，就像是雪中送炭、雨中送伞，它的激励效果，远远超过满足非主导性需要的锦上添花。

有时，由于主客观条件的限制，下级的主导性需要暂时无法给予满足，如迫切需要住房的，领导手中暂时没有房子；迫切要求入党的，而其条件还不完全具备，那就需要向本人说明情况，做好思想工作。同时还应依据实际情况，尽量满足他的非主导性的需求，以示团队领导的关心。

3. 待人公正，处事公平

对待下级要求是否予以满足，不仅仅从要求者个体角度考虑，还要从企业、本团队的全局来衡量，防止出现处事不公现象。使条件基本相同的人，不论亲疏远近，都能得到大致相似的物质上或精神上的满足。如果不这样，甲满足了，条件强过甲的乙反而没给予满足；或者条件相仿，和领导关系近的、领导喜欢的满足了，和领导关系远的、领导不喜欢的没有得到满足，这样，必定造成满足一个人，挫伤一大片，而且可能极大地降低领导者的威信。

4. 应主动关心下级疾苦

很多领导者对待下级的需要，一般是在下级经过某种方式提出之后才会考虑解决。这种做法，若是处理得当，效果也会是好的。但是，如果领导能依据日常对下属情况的了解，参照需要的理论，不等下级提出要求，就积极主动地有计划地予以满足，更会让下级觉得领导是真正了解自己和关心自己的，是值得依赖的，从而更积极地奉献自己的力量。即使是下级的纯属个人独自解决的需要，如大龄男女的婚嫁等问题，若是领导者能主动关心，积极想法帮助解决，无疑会使下级很是感动，从而会有更大的激励作用。

5. 对下级合理要求不能久拖

对待下级的合理要求，应该以积极的态度，尽快地予以满足，不能久拖不决。"又要马儿跑，又要马儿不吃草"是办不到的。对于下级合理要求久拖不决，常常会弄得"敬酒不吃吃罚酒"的无法收拾的尴尬局面，在团队内部意见纷纷、众怒难平的情况下，不得不满足其要求。可是，这时满足要求，其效果却打了大大的折扣，不仅起不到激励效果，甚至还可能产生对领导者的蔑视和愤懑。

6. 对下级的不合理要求也应耐心答复

有的领导者对下级的一些不合理要求，采取不予理睬的冷处理，常常产生很不好的效果。下级提出了不合理要求，至少在他自己看来认为是合理的，如果领导者置之不理，他就会有意见，闹情绪，影响工作，从而造成上下级关系中的隔阂和紧张。因此，对待下级的不合理要求，务必向他讲清为什么不能解决的道理，做好思想工作。

7. 上下级之间要以诚相待，与人与善

领导者对自己的下属诚心，就是对同事诚实、坦荡，讲求诚信，不矫不饰，无欺无诈。在"南航心约"中，"诚信"是我们核心价值之一，是人与人交往的基本规范和总体要求，也是处理与同事关系的首要原则。

同事之间的关系，从很大程度上决定了整个团队的坚固程度，也可以理解为抗击外界干扰与破坏的能力，或者自身竞争能力。我们认为，团队成员如果能做到真诚相待，这个团队就有生命力、有发展潜力。正如俗语所说：三人一条心，黄土变成金。成员之间的真诚相待的另外一个好处是使团队内部充满人情味，每个成员都会收获到令人心旷神怡的可贵的友谊，以及一个和谐的工作环境。

作为一个员工，与同事相处，当他工作上有困难时，你应该尽心尽力予以帮助，而不是冷眼旁观，甚至落井下石；当他征求你的意见时，你不要给他发出毫无意义的称赞；当他无意中冒犯了你，又没有跟你说声对不起时，你要以无所谓的心情，真心真意原谅他，如果今后他还有求于你时，你依然要毫不犹豫地帮助他。

有人会问："为什么我要待他这么好？"答案是：因为你是他的同事，你每天白天一大半的时间都是跟他们在一起，你能否从工作中获得快乐与满足，与你朝朝暮暮相处的同事有很大关系。当你在办公室里，没有人理你，没有人愿意主动跟你讲话，也没有人向你倾吐谈心时，你还会觉得你的工作有意思吗？

一般来说同事之间有一点竞争、有摩擦是很正常的现象。但是我们要懂得如何把这种摩擦降到最低限度，应该学会怎样把这种竞争导向对自己有利的方向。现代社会既强调分工，更注重合作。一个企业、团体犹如一个小社会。各部门工作相对独立，但要把每件工作做好，需要各个部门同事互相团结、协作，朝同一目标进发，形成合力，才能把工作做好，怎样与同事保持良好的合作关系？笔者的经验是八个字：精诚合作、以诚相待。一个公司中，同事们来自五湖四海，个性、志趣不同，工作风格也相异。但有一样相同之处：都是为了打一份工，赚一份钱，在个人事业生涯上有所成就。

只有基本出发点是一样的，即使性格如何不合，在为了能很好地完成工作的前提下，明智之人也能"就事论事"的准则下，求同存异，互相包容，共同完成工作任务。

如果更进一步，在做好工作的基础上，互相以诚相待、多沟通、了解，增加认同感，私人感情也就会不断增进，同事就会逐渐变成朋友。毕竟，职场上，多一个朋友就意味着少一个敌人。可以利用业余时间，多与同事聊天，分享工作、生活上的经历，了解对方有何困难是你可以帮助解决的，也可以提出自己的困难看同事是否帮忙，在交流沟通之间增进私人感情，在工作合作上自然比较顺畅。

人各不同，也许有些人让人觉得难以相处，只要你用真诚的行为感化它，真心与之交流，即使无法成为朋友，但为了工作，他还是会互相迁就，合力去完成的。

第五章
职场中的沟通方法

　　沟通是团队建设和营造企业外围环境的重要手段，也是考核领导能力高低的一项重要指标。要重视沟通，要勤于沟通，也许每个人都会讲，但真正沟通起来又不是那么容易了。

与上司沟通的方法

"只有不说的事，没有说不清的事。"当你在工作中遇到困难时，主动与领导沟通，就能在职场中游刃有余。

有一位财会专业的女生到一家公司应聘财会工作，财务经理对她不太满意，但人力资源经理还是给了她一次机会，安排她从事客服工作。结果，这位女生的表现实在令人失望。她的性格过于内向，不喜欢沟通和交流，既不主动和同事打招呼，也不向老员工请教。很多时候，她不明白或者不清楚分配的任务也不会向上司发问，只是按照自己的理解去做，结果总是与上司的要求相差甚远，最终连这唯一的机会也丧失了。

一个不善于与上司沟通的员工，是无法做好工作的。现在的每一家企业都可以说是人才辈出、高手云集，在这样的环境中，信守"沉默是金"者无异于慢性自杀，不会有什么前途。而正确的工作态度和工作效果，充其量也只能让你维持现状。如果想真正有所成就，必须主动与上司沟通。

卡特是美国金融界的知名人士。他初入金融界时，他的一些同学已在业内担任高职，也就是说他们已经成为老板的心腹。当卡特向他们寻求建议时，他们教卡特一个最重要的秘诀，那就是一定要积极地与上司沟通。

现实生活中，许多员工对上司有生疏及恐惧感，他们在上司面前噤若寒蝉，一举一动别别扭扭，极不自然，甚至就连工作中的述职，也尽量不与上司见面，或托同事代为转述，或只用书面形式做工作报告，他们认为，这样可以免受上司当面责难的难堪。

还有很多员工在任务执行过程中常常会遇到许许多多不确定的问题，但是他们认为求助是自己无能的表现，所以在遇到一些问题时，不愿意主动寻求领导的帮助，怕领导嘲笑；另外还有些人认为领导太忙，自己的事情太"小"，又不是非常的着急，怕麻烦领导，给领导留下不好的印象。

不久前，我遇到一个公司同事，他向我抱怨说他网上提交的报销单据很长时间领导都没给他批，对领导还挺有意见。我就反问他为什么不跟领导说呢，他说不好意思，担心领导责问。

人与人之间的好感是要通过实际接触和语言沟通才能建立起来的。一个员工，只有主动跟上司做面对面的接触，让自己真实地展现在上司面前，才能令上司认识到自己的工作才能，才会有被赏识的机会，才可能得到提升。

那些只一味地勤奋工作，怕事，不主动沟通的员工往往爱妄加猜测上司的意思，不愿开口询问，对什么事都假装自己知道情况，并拼命从不完整的信息中拼凑出事情的全貌，最后的工作结果很可能与上司的要求相差甚远。

而那些有潜力且懂得主动与上司沟通的员工却明白，在工作中保持沉默只会给自己带来不利，只有积极沟通，成功地完成事情才是明智的行为。所以，他们总能善于发现沟通渠道，更快、更好地领会上司的意图，把工作做得近乎完美。

凯丽在一家销售公司做文案工作，快过春节时，按照公司习惯，经理交给她一大堆名片，并亲自挑选了很多精美的明信片要她按照名片逐一地打印寄出。在接过名片时，凯丽曾提醒经理将已经变化地址或没有往来的客户挑出来。但是，她的经理非常不耐烦，他说："名片上所有的人都要寄到。"两天后，当凯丽把已经打印好的明信片交给他过目，他却大声指责她将一些已经不在中国的客户错误地打印在了"最精美"的明信片上。当时凯丽觉得非常委屈，但是不知道应该说些什么。

这虽然只是一个小例子，但是区分什么是自己的问题、什么是他人的问题对于职业女性是一件非常重要的事情。面对这样的情况，抱怨是没有效果的，而且通常你也不会有更多的解释机会。但是，如果可能，你不妨和自己的经理进行沟通。在专家的建议下，凯丽利用休息的时间和经理谈了自己的想法。

凯丽尝试着让她的经理了解，只有拥有融洽的沟通，她才能将经理的意图与自己的创意很好地结合起来，也才会使他们双方的工作更加有成效。其实，她的经理很明白她的意思，也了解到凯丽是权责很分明的人。在此之后，他们之间的合作愉快多了。在现实生活中，并不是每一个领导都爱推卸责任，只是他有一种自我保护的潜意识，不愿意在自己的下属面前承认某些失误是由于他的因素造成的。所以，没有必要对此耿耿于怀，但是最好在尽可能的情况下将问题婉转提出，以利于今后的工作。

员工在工作中，应该树立起工作第一、效率第一的意识，学会

"管理上司"，领导是你工作上可以利用的资源。不仅仅在有问题的时候寻求领导的帮助，在工作进展顺利时也要向领导主动汇报工作的进展情况，因为领导最担心的事情就是不知道你在忙什么，不知道你的工作到底做得怎么样了。尤其是面对压力时，你不妨鼓起勇气去尝试直面施压者，毕竟沟通是人与人交往的最有效途径。

对于工作汇报，你要做的只有以下两件事情。

第一，至少每月询问你的主管："我做得如何？"尽量提出具体的问题，例如："老板对于我所排定的进度是否有什么意见？""我想会议流程非常顺畅，你认为还有什么地方要改进的吗？"你应该随时和主管沟通自己的工作表现，而不是只有每年一次的业绩评量，这样你可以事先知道自己的缺点在哪，及时做出改正，同时也可以了解主管的期望。

第二，至少每个月询问："原先的工作安排有没有必要调整？"也许你的目标是在年初，甚至是前一年年底所定下的，然而外在的环境有所改变，先前所设定的目标势必做出调整，所以应该随时确认最优先的目标是哪些。

主动与上司沟通，应懂得主动争取每一个沟通机会。不仅在工作场合，日常生活中与上司的匆匆一遇，也有可能决定着你的未来。比如，电梯间、走廊上、吃工作餐时，遇见你的老板，走过去向他问声好，或者和他谈几句工作上的事。千万不要畏首畏尾，极力避免让上司看见，或匆忙地与上司擦肩而过。如果你能善于沟通，乐于沟通，总有一天你会发现，你的工作总是能最好、最快地完成。

所以，沟通能力是人生最大的生产力，是人生最需要开发的资源。如果你不主动沟通，就没有执行力。故此，给大家两点建议。

1. 与老板沟通最好言简意赅

领导们有一个共同的特性，就是事务繁杂，而且公司也要讲求效率，故而与其沟通时应避免长篇大论，言不及义，应力求简洁。用简洁的语言、简洁的行为来与领导形成某种形式的短暂交流，常能达到事半功倍的良好效果。

2. 不要以贬他人来抬高自己

在主动与领导沟通时，千万不要刻意表现自己，而贬低别人甚至领导。这种褒己贬人的做法，最为领导所不屑。与领导沟通，就是把自己先放在一边，突出领导的地位。当你表达不满时，要记着一条原则，那就是所说的话对"事"不对"人"。这样沟通过后，老板才会对你投以赏识的目光。

与员工沟通的方法

许多误会、矛盾乃至冲突都源于人际沟通障碍。一项调查表明，员工中80%的抱怨是由小事引起的，或者说是由误会引发的。对于这种抱怨，领导者决不能掉以轻心，一定要给予认真、耐心的解答，因为有时误会造成的裂痕是永远无法弥补的。另外20%的抱怨往往是因为公司的管理出了问题。对这种抱怨，领导者要及时与员工进行平等沟通，先使其平静下来，然后采取有效措施，尽快加以解决。

沟通在一种程度上可以化解下属的抱怨情绪，任何轻视沟通的念头都是错误的。沟通不是推销，具备沟通意识，才会有乐于与人沟通的积极意愿；态度积极热情，待人诚恳，是深入沟通的**必要条件**；讲究沟通方法，扩大沟通范围，才能使沟通真正发挥作用。局限于一定范围内的封闭式沟通，不是真正的沟通；自以为是的人，只说不听的人，压根儿就不想沟通问题，矛盾当然得不到解决。上下级之间有时会发生一些矛盾，但不应该把它延续下去，而解决矛盾最好的办法就是沟通。沟通产生凝聚力。

沟通的目的在于传递信息，如果信息没有被传递到所在单位的每一位员工，或者员工没有正确地理解领导者的意图，沟通就出现了障碍。

那么，领导者如何才能与员工进行有效的沟通呢？

1. 让员工对沟通行为及时做出反馈

沟通的最大障碍在于员工误解领导者的意图或者对领导者的意图理解得不准确。为了减少这种问题的发生，领导者可以让员工对自己的意图做出反馈。比如，当你向员工布置了一项任务之后，你可以接着向员工咨询："你明白我的意思了吗？"同时要求员工把任务复述一遍。如果复述的内容与领导者的意图相一致，说明沟通是有效的；如果员工对领导者的意图的领会出现了差错，可以及时进行纠正。或者，你可以观察他们的眼睛和其他体态举动，了解他们是否正在接收你的信息。

2. 对不同的人使用不同的语言

在同一个组织中，不同的员工往往有不同的年龄、教育和文化背景，这就可能使他们对相同的话产生不同的理解。另外，由于专业化分工不断深化，不同的员工有不同的"行话"和技术用语。而领导者往往注意不到这种差别，以为自己说的话都能被其他人恰当地理解，从而给沟通造成了障碍。

由于语言可能会造成沟通障碍，因此领导者应该选择员工易于理解的词汇，使信息更加清楚明确。在传达重要信息的时候，为了消除语言障碍带来的负面影响，可以先把信息告诉不熟悉相关内容的人。比如，在正式分配任务之前，让有可能产生误解的员工阅读书面讲话稿，对他们不明白的地方先作出解答。

3. 积极倾听员工的发言

沟通是双向的行为。要使沟通有效，上下级都应当积极投入交流。当员工发表自己的见解时，领导者也应当认真地倾听。

领导在沟通中不仅要善于"表达自我"，更要注意"体谅对方"。体谅就是要设身处地为对方着想，并且体会对方的感受与需要。由于你的了解和尊重，对方也会体谅你的立场与好意，因而做出积极而合适的回应。

当别人说话时，我们在听，但是很多时候都是被动地听，没有主动地对信息进行搜寻和理解。积极的倾听要求领导者把自己置于员工的角色上，以便于正确地理解他们的意图而不是你想理解的意思。同时，倾听的时候应当客观地听取员工的发言而不作出判断。当领导者听到与自己不同的观点时，积极的态度应当是倾听他人所言，而把自己的意见推迟到说话人说完之后再说。

领导在倾听员工诉说时，通常容易犯以下四个方面的错误。

（1）听而不闻。员工在意的不是领导听到了多少，而是领导听进了多少。如果领导没有真心聆听员工所说的话，员工会觉得领导根本不在乎他们，他们也会变得不在乎领导或领导所说的话。如此一来，便形成了沟通上的恶性循环。

（2）先说再听。当员工有了问题时，很多领导会把员工找来，把自己的想法告诉他，并且批示他应该如何解决这个问题。在这种情况下，该员工很可能会觉得自己被特别警告，所以他会变得有防御心，对领导的要求产生敌意。

改进的方式可以是，领导以聊天的方式开头。例如，最近工作如何？哪些部分做得比较顺利？哪些部分做得比较不顺利？把先说再听的情形转为先听再说。这样等于邀请员工分析他对工作的想法，同时也为领导要说的话铺路，营造出比较自然的谈话气氛。

（3）不仔细聆听。不论说话的人是领导或是员工，听话的一方都不一定能接收到正确的信息。为了避免产生误解，当员工说话时，领导除了仔细聆听外，也要简单复述已经听到的部分，以确定没有听错员工的意思。这么做也可以让员工知道，领导真的在乎他们的谈话。

（4）一心二用。如果领导在和员工谈话时，一边还在看电子邮件或做其他琐事，员工会觉得他们不受重视。而且因为领导心不在焉，员工可能要花比较长的时间来表达想法。当领导需要和员工谈话时，可以事先约好，并且先确定谈话时间，以及大致会进行多久。如此可以让双方认真看待谈话，而非只是可有可无的闲聊。

4. 注意恰当地使用语言

在倾听他人的发言时，还应当注意通过非语言信号来表示你对对方的话的关注。比如，赞许性的点头、恰当的面部表情、积极的目光配合；不要看表，翻阅文件，拿着笔乱画乱写。如果员工认为你对他的话很关注，他就乐意向你提供更多的信息，否则即使是自己知道的信息，员工也有可能怠于向你汇报。

身体语言在沟通过程中非常重要，有50%以上的信息可能是通过身体语言传递的。领导人员的眼神、表情、手势、坐姿都可能影响沟通。要使沟通富有成效，领导者必须注意自己的肢体语言与自己所说的话的一致性。领导人员专注凝视对方还是低着头或是左顾右盼显然会造成不同的沟通效果。领导人员坐姿过于后仰会给下属造成高高在上的感觉，而过于前倾又会对下属形成一种压力。因此，领导人员要把握好身体语言的尺度，尽可能地别让对方感到紧张和不舒服。只有让对方尽可能地放松，才能让他说出更真实的感受。

5. 注意保持理性，避免情绪化行为

在接受信息的时候，接收者的情绪会影响到他们对信息的理解。情绪会使我们无法进行客观的、理性的思维活动，而代之以情绪化的判断。领导者在与员工进行沟通时，应该尽量保持理性和克制，如果情绪出现失控，则应当暂停进一步沟通，直至恢复平静。

6. 减少沟通的层级

人与人之间最常用的沟通方法是交谈。交谈的优点是快速传递和快速反馈。在这种方式下，信息可以在最短的时间内被传递，并得到对方回复。但是，当信息经过多人传送时，口头沟通的缺点就显示出来了。在此过程中卷入的人越多，信息失真的可能性就越大。每个人都以自己的方式理解信息，当信息到达终点时，其内容常常与开始的时候大相径庭。因此，领导者在与员工进行沟通时应当尽量减少沟通的层级，越是高层的领导者越要注意与员工直接沟通。

与刺头员工沟通的方法

如果员工漠视你的讲话，你可直接对他说："我不知你是不是听到我说什么了。你能重复一下我的话吗？"或者说："你根本不注意听我在说什么，我很难堪。"你直接地、明确地要员工集中精力和你交流思想。你也可以把要求委婉地说出来，防止他再次心不在焉："以前你听我的话时总有些困难。现在你再听一下我的另一个意见行不行呢？"

你还可以说："我发现你好像难以集中精神进行讨论，而且还经常独自躲在墙后面，这让你很难接近别人，你觉察到了这一点吗？"

或者你说："如果你不能连贯地将讨论进行下去，你就再不要参加了。让我独自作出决定好了。"

如果最近有问题，而又不好谈，你有两种方法，一是写封信给他，因为有些人善于写而不善于说；二是找个他所接近、信赖的人充当中介进行交流。

与他人说话时必须考虑对方的实际状况。如果一个经理人和一个半文盲员工交谈，他必须用对方熟悉的语言，否则结果可想而知。谈话时试图向对方解释自己常用的专门用语并无益处，因为这些用语已超出了他们的感知能力。

接受者的认知取决于他的教育背景、过去的经历以及他的情绪。如果沟通者没有意识到这些问题，他的沟通将会是无效的。另外，晦涩的语句就意味着杂乱无章的思路，所以，需要修正的不是语句，而是语句背后想要表达的看法。

有效的沟通取决于接受者如何去理解。例如经理告诉他的助手："请尽快处理这件事，好吗？"助手会根据老板的语气、表达方式和身体语言来判断，这究竟是命令还是请求。德鲁克说："人无法只靠一句话来沟通，总是靠整个人来沟通。"

沟通不仅是说，而是说和听。一个有效的听者不仅能听懂话语本身的意思，而且能领悟说话者的言外之意。只有集中精力地听，积极投入判断思考，才能领会讲话者的意图，只有领会了讲话者的意图，才能选择合适的语言说服他。从这个意义上讲，"听"的能力比"说"的能力更为重要。

渴望理解是人的一种本能，当讲话者感到你对他的言论很感兴趣时，他会非常高兴与你进一步加深交流。所以，有经验的聆听者通常用自己的语言向讲话者复述他所听到的，好让讲话者确信，他已经听到并理解了讲话者所说的话。

所以，不论使用什么样的渠道，沟通的第一个问题必须是，"这一信息是否在接受者的接收范围之内？他能否收得到？他如何理解？"

有些人确实不愿或不能够合作，这种人无论如何是不可接近的。如果出现这种情况，要善于及时退却，不要再继续浪费时间和精力。当上述方法都用过仍不能奏效时，你就不必再努力了。很显然，问题在他那里，而不在你这里。

在员工得罪你时，如果你把"有仇不报非君子"当作你的人生信条，那么，事情就糟糕了，你首先要把这个信条摒弃掉。睚眦必报，往往会把事情闹得不可收拾，这是非常不可取的。有时候，你会恼羞成怒，暴跳如雷，触犯你的人会被想得很坏，心里一定会拟定许多报复计划，这就错了。

有一些老板，有什么事情往往喜欢以自我为中心，让别人围着自己转，我行我素。这与懂得用理性控制感情、富有内涵的人相比，是迥然不同的。后者在遇到麻烦时，头脑会更加冷静，喜怒变化不形脸色，语调也会与平时一样平稳调和，处理事情不会出现偏颇，或带有某种情绪色彩。就算事情到了无法忍耐的地步，后者即使说出一些激烈之词，也会把话语的力度限制在不过火的范围之内，不给人留下什么话柄。后者在理由充足、正确之时，也不会得势不饶人，总会给对方留一个下台阶的余地。

沟通氛围的搭建

你要帮助员工找到分享各种信息的最佳方式和寻找工作问题、个人问题答案的最佳方式。每个公司的文化都提出了沟通的适当方式，要熟悉你们公司的模式，并在必要的时候作出改进。

仅仅说你实行的是"开门政策"，并不能减少员工对踏入你的办公室的畏惧感。只告诉员工能到"人事部门"去解决问题是不会有成效的，因为他们的主管或许不允许其离开工作岗位。引导员工进行更多的交流就会避免此类现象。

站立式沟通是实施简单沟通的一个有效方法。讨论一些事情没有必要坐下来，可以站在一起讨论。如每个星期第一天的晨会，部门经理只要站在黑板前，把一周要做的事情在黑板上描述一下，把自己的信息与其他经理做一下沟通就行了，而且时间不必很长，只要讲清楚你要做什么，怎么做就可以了。

有些公司还规定，任何管理人员到车间现场不准坐下来，因为到下边去是发现和解决问题的。发现问题就站着商量，真正有问题就到办公室去深入讨论，但是在现场不能坐。这样一来，所有问题就简单了。大家就知道上级是来工作的，不是来闲聊的，这种行为本身就传达了一种信息。

会议也是这样。实行简短会议不但节约了时间，还培养起员工们一种思维习惯和方式。好的会议方式是最能培养人的。在会议上，每个人都尽量严格控制讲话的时间，把最重要的信息传递给大家，坚持不讲废话。

沟通的目的是传达信息，而不是为了说服对方，这也是实现简单沟通的重要途径。很多管理者都有一定要说服对方的愿望，从而导致了沟通无法停止，造成了在时间和空间上的延长。

都说"有话则长，无话则短"，但这个并不真正的简单，真正的简单是"有话则短，无话则不说"。简单，从字面上理解就是简易、单纯。它意味着直截了当，意味着不拖泥带水。这就是说，公司里的人际沟通既复杂又简单，有时我们人为地设置了沟通障碍，而却并未意识到它阻碍了我们相互交流的机会和动力。

促进自由沟通要求你首先必须做到：在通过个人接触、备忘录、会议、业务通讯、信件以及其他方式进行的信息、情感交流中，你要表现得开诚布公、诚实、一丝不苟。如果你很封闭、自我防护、心存戒心，那么你的员工也会表现如此。

无论何时，只要你发现了，就要对成功的沟通进行褒奖。记住，人们会模仿其认为适当的、能赢得好感的行为。对于由于有效地沟通而成功完成的项目或任务要用赞扬的态度予以承认，尤其要注意对于沟通起促进作用的情况。

为激发沟通，要召集主要参与人，问他们一些关于目前的问题，让与会者相互介绍其所进行的工作，要寻找那些人们可以一起工作的方式，鼓励他们在小组会议上就这些共同工作的机会自由讨论，在这些小组会议上，其他人正在观察着合作的进展情况。

　　使用带有疑问词的句子提出问题（使用诸如"谁""什么时候""哪里""为什么""怎样"之类的疑问词），然后调动几个人直接跟小组其他能从回答中受益的成员进行交谈，这些时候，你就能够退出谈话中心，而让其他的参与者直接相互交流。开始你可以在一两个参与人身上下功夫，从而使这一交流过程得以开始，而当你退出谈话中心时，其他人就会加入进来。

　　许多人认为上司或他们视之为领导的人应当作为"交换台"来传递信息，他们告诉你一些事情，让你再去告诉他人，他们会要求你找出某些人有可能了解的事情。你越是让自己充当这一"交换台"的角色，而不是让这些人直接相互交流，他们就越依赖你，而放弃相互的交流。除非你因为某种原因而需要这种对沟通的控制，否则，让它自由进行吧！只要你仍然需要信息，就应允许这种自由沟通。

第六章
掌握沟通的技巧

　　当沟通已经成为社会生存的基本法则时，我们一定要培养沟通的习惯，牢牢掌握良好的沟通技巧，才能更清楚地了解别人，也了解自己，才能把事情干好。

记住每一位下属的名字

想要成为一名优秀的领导，捷径之一就是你得将团队中每个下属都看成一个完整的、活生生的个人。不管领导的团体有多大，你至少能叫得出每个人的名字，这就是最良好的沟通。

下属希望自己的上司能够尽快知道自己的名字，因为他们都希望受到尊重，这是有自尊心的表现。戴尔·卡耐基说："记住别人的名字并容易地叫出，你即对他有了巧妙而有效的恭维。"

美国西屋公司董事长道格拉斯·丹佛斯说："越是能明白下属个人状况，就越能量才施用。"因此，假若你领导的是一个大团队，你应该至少知道下属的名字，假如你领导的团队小，那除了知道下属名字外，你还应该知道得更多一点。

美国前总统罗斯福知道一种最简单、最明显、最重要的得到他人好感的方法，就是记住姓名，使人感到受到重视。克莱斯勒汽车公司为罗斯福制造了一辆汽车。当汽车送到白宫的时候，一位机械师也去了，并被介绍给罗斯福，这位机械师很怕羞，躲在人后没有同罗斯福谈话，罗斯福只听到一次他的名字。他们离开的时候，罗斯福找到这位机械师，主动与他握手，叫他的名字，并感谢他来华盛顿。

当然，记住下属的姓名，并不是一件轻而易举的事，需要下一点功夫。一般来讲，记住大量的人的名字的方法，主要有如下几点：

1. 当对方介绍姓名时，要聚精会神地听，并牢记在心里

有的人虽主动问对方"尊姓大名"，但对方介绍时又心不在焉，事后，根本记不起人家的名字，这种方式效果非常差。有的人记忆力强，有的人记忆力差一点。如果记忆力差，可以说："对不起，我没有听清楚。"让其再说一遍，加深记忆。

2. 记住每个人的特征

人有多方面的特征，有外形的特征，如眼睛特别大，胡子特别多，前额很突出等；有职业上的特征，如技术最好，在某一领域有受人称道的雅号等；有名字上的特征，如有的人名字会有生僻的字，或者很少用来作名字的字。把名字与这些特征联系起来，就不容易忘记了。

3. 备个小本本

对下属你可以说："我记忆力差，请让我记下来。"下属不但不会讨厌，还会产生一种自重感，因为你真心实意想记住他的名字。为了防止以后翻到名字也回忆不起具体的人来，除了记下名字以外，还要把基本情况如部门、性别、年龄等记下来。这个小本本经常翻一翻，一边翻一边回忆那一次会见此人的情景，这样记忆效果会非常好。

4. 多与下属接触

百闻不如一见。有不少领导，一有时间就深入下属中间，同他的下属或一起干活，或一起娱乐，或促膝谈心，或共商良策。这

样的领导，不但能叫出下属的名字，连下属在想些什么都能说得出来。

也许你曾经抱怨："我的记性太差了，刚见过一个人，眨眼之间就忘了他的名字。"其实，并不是你忘了他人的名字，而是第一次见面时，你根本没有认真听清对方说什么。

记忆名字与辨认面孔是认识人必不可少的两个方面，如果只知其一，不知其二，就会出现人名与本人对不上号的现象。

卡耐基告诉我们：姓名是最甜蜜的语言，如果你能在第一次见面时就记住他人的名字，这会使你更容易走向成功。

吉姆没有受过高等教育，却在46岁时得到4所大学赠予的荣誉学位，并成为民主党全国委员会的负责人，最后坐上了美国邮政部长的宝座。因为他有个专长——初次见面，就能牢记对方的姓名。吉姆在身居要职之前，是一家石膏公司的推销员，就是在这个职位上时，他发现了赢得他人喜欢的方法。这个方法很简单，他与别人初次见面，就将对方的姓名、家庭情况、政治见解等牢记在心，下次再见面时，不论相隔半年或一年，都能问问对方家里的情况及院里的树长得怎么样之类的问题。难怪认识他的人都非常喜欢他。

吉姆早就发现，一般人都对自己的姓名十分关心，如果有人记得对方的名字，就会使对方产生莫大的好感，这比无聊的奉承话更具说服的魔力。相反，忘记或写错别人的名字，很可能招致意想不到的麻烦。

对方若是显要人士，就更应用心记住。自己空闲时，就在笔记本上写下别人的名字，集中精神记忆。拿破仑三世记名字的办法是用心、手、眼、耳、嘴，虽然比较麻烦，却很有效果。说出对方的姓名，这会成为他所听到的最甜蜜、最重要的声音，无疑也会为你的人际关系增加一个重要的砝码。

非正式沟通的技巧

采用非正式沟通，能够使员工时时刻刻感受到管理者的存在，感觉他们是为一个很有人情味的企业工作，管理者关心他们，并了解他们。不像有的企业，员工与公司之间只有冷冰冰的关系。

作为企业的管理者，只有能够让员工和自己之间通畅无阻地交流，互相理解，紧密合作，这样才能最大限度地发挥团队作用。

通用电气公司总裁杰克·韦尔奇最成功的地方，是他在通用电气建立起了非正式的沟通。通过这种非正式沟通，韦尔奇不失时机地让员工感到他的存在。

使沟通变得"非正式"意味着打破发布命令的链条，促进不同层次之间的交流；改革付酬的方法，让员工觉得他们是在为一个几乎人人都相知甚深的老板工作，而不是一个庞大的公司。韦尔奇不断地沟通，而且永不停止。他最擅长的沟通方式就是提起笔来写便笺。他写便笺，有给直接负责人的，也有给小时工的，无一不语气亲切而发自内心，蕴含着无比强大的影响力。

写这些便笺的目的是鼓励、激发和要求行动。韦尔奇通过便笺表明他对员工的关怀，使员工感到他们之间已从单纯的管理者与下属的关系升华为人与人之间的关系。而韦尔奇知道，从他手中发出的只言片语都很有影响力，它们比任何长篇大论的演说都更能拉近和员工的距离，而且这也是他能与下属们有效地传达重要观念的最佳方式，所以他乐此不疲。

1987年，韦尔奇向公司员工发表演说时指出："我们已经通过学习明白了'沟通'的本质。它不像这场演讲或录音谈话。它也不是一种报纸。真正的沟通是一种态度，一种环境。它是所有流程的相互作用。它需要无数的直接沟通。它需要更多地倾听而不是侃侃而谈。这是一种持续的互动过程，目的在于创造共识。"

对韦尔奇来说，沟通是个人的事。个人的沟通有时远远超过程序化的沟通所能达到的效果。管理者和员工一段随意的或短暂的对话远比在企业内部刊物上刊登大段文章来得更有价值。管理者应知晓"意外"两字的价值。每个星期，韦尔奇都会不事先通知地造访某些工厂和办公室；临时安排与下属共进午餐；工作人员还会在传真机上找到韦尔奇手书的便笺，上面是他遒劲有力又干净利落的字体。所有这些的用意都在于领导、引导和影响一个机构庞大、运行复杂的公司。

非正式沟通的几个原则。

1. 及时

在非正式沟通的过程中，管理者应十分注意及时性这一原则。及时，可以使管理者准确掌握员工的思想、情感和态度，从而提高管理水平，也才能使员工准确了解管理者的想法与态度，提高管理者与员工之间的情感交流，获得最大化的沟通效率。

2. 准确

当管理者在进行沟通时所用的语言和传递方式能被员工理解

时，这个沟通才具有价值。这要求管理者有较高的语言或文字表达能力，并熟悉员工的个性特点和能力水平，再针对性地进行沟通以保证沟通的准确性。

3. 完整

无论是哪种形式，沟通向来都只是手段而不是目的。因此，完整性是不可忽视的很重要的一点，即沟通的完整性部分取决于管理者对员工工作的支持。管理者位于信息交流的中心，应充分利用这个中心职位和权力，提供员工需要的信息并向员工传递有关企业发展的相关信息，让员工能在一个信息通畅的氛围内工作。

沟通氛围很重要

福特汽车公司北美市场部长理查·芬斯特梅契常对同仁说："我办公室的房门永远是开着的，如果你经过时看到我在座位上，即使你只想打个招呼，随时欢迎你进来。如果你想告诉我一个点子，也欢迎你！千万不要以为你必须通过经理才能跟我说话。"

创造接纳的沟通气氛，这为你的沟通建立了平台。

一般人的沟通都有一种普遍的现象，那就是：人们不见得会说出自己所想的，通常也无法以接纳的态度聆听对方所说的，除非两者之间已建立起互信与共同利益。有意思的是，沟通容不下一点点虚伪，不论你嘴里说的是什么，你对沟通真正的看法，你是否开放都是无所遁形的。奥运体操金牌得主、美国选手玛丽露·雷登说："你几乎立即可以感觉一个人是否可以亲近，因为你可以由他的肢体语言及一些无言的信号看出一个人的想法。你很快可以看出角落那个人摆明了一副'别来碰我，我不想说话'的姿态。"

怎样才能避免给人那种印象呢？你必须态度开放，喜欢别人，更需要表现出来让人知晓。何不试试雷登的建议："放下身段，保持谦虚的态度是很重要的。我会设法让他人轻松，我对人一视同仁，不论你是大公司的高层领导者或是销售人员，那些只是职务的不同，人性都是一样的。"其实，所谓创造接纳的沟通气氛，说穿了也就是能让人放轻松。

高功能集成电路制造商雷比设计公司董事长雷·史塔塔从他朋友那儿学到了重要的一课。史塔塔的朋友瑞得·奥巴克长期担任波士顿居尔特公司总裁的职务。史塔塔记得："任何时候瑞得说到领导力，总是会说到'我爱他们'。他相信那是领导力真正的前提，而且他一定要让他们知道。所以，如果公司的气氛使他们工作一天之后真正相信你关切他们，那么，你就创造了一种对他们真正有意义的关系。"只是到这个时候，沟通才拥有了真正的稳固的基础。

当然这不是平白就可以得到的。

康宁公司的大卫·路得几年前就努力设法使工会领袖接受公司准备推动的品质改进计划。路得用他自己的方法不断谈品质改进的重要性。路得对工会领袖拍胸保证，这份计划不但能改进白领阶层的生活，同时也能改进蓝领的生活。但是，工会领袖摆明了听不进路得所说的任何一个字。

路得回忆道："工会领袖站起来说道：'你给我少来这套！还不都是吓人的。你们搞来搞去，反正就是想剥削劳工。'"

不过，谈话还得持续下去。路得说："他稍微松动了一点，但是我并没有说服他。最后我终于相信用我自己的方式跟他谈，他可能永远都不会信任我的。我只能以行动来赢得他的信任了。于是我告诉他：'明年我还会再努力，后年也一样，我会一直努力到有结果为止。'"于是路得年年努力不懈，用了好几年时间才让工会真正接受他的想法。开始的时候，必须先在较小的问题上赢得信任，也必须证明他真正在聆听。不过最重要的是，路得极有耐心。最后，工会终于成为品质改进计划中真心合作的伙伴。

另外重要的一点是：一旦员工们愿意冒险把真正的想法告诉你，就绝对不能给予任何惩罚。绝对不要做任何事去打消他们愿意再度沟通的念头。

纽约人寿公司财务长弗烈得·薛佛说："如果员工提出的意见我不赞同，那么，我就要用相当技巧的方式告诉他们我不赞同，因为我希望鼓励他们以后还会继续提出建议。现在，我已经跟几位同仁商量好，他们的建议可能99%都会被否决，但是我仍然希望他们继续提出他们的看法，因为这是他们工作的一部分。只要有1%获得采用就很有价值了，并且，我也绝不因否决他们的意见而看轻他们。"

有一位检察官，他现在还是一位繁忙的演说家，可是以前每次演讲总会令他很不自在。他的工作表现突出，被人看好是明日之星。因此常受到各种团队的演说邀请，但是一开始，他全都推掉了。正如大多数人一样，当时的他畏惧演说，因此，他必须推谢所有的演说邀请。

他回忆道："以前，即使是出席会议，我也总是坐在最远的角落，并且从来没有站起来说过一句话。"

他知道这个问题阻碍了他事业的发展，并常常令他因焦虑而失眠，他知道自己必须采取行动，解决这个沟通的问题。

有一天，这位检察官又接到他高中母校的演说邀请，他立刻发现这是一个绝佳的机会，因为他多年来的努力，使他与校方及毕业生都培养了很好的关系。再也没有比这些听众更值得他信任的了，而这会使他觉得容易放得开些。

于是，他同意前往演说，并尽可能地做好准备。他选择了一个自己最有研究、也是最关切的主题：检察官的工作。他以许多亲身的经验做例子，因此不用写讲稿，更不用背记。他只是走上学校礼堂的讲台向全校师生讲话，就如同一群老朋友谈话一般。

那是一场极为精彩的演说，在讲台上，他可以看到听众的眼神集中在他身上，他听到听众因他的笑话而发出的笑声，他可以感受到大家的温馨与支持。当他结束演说时，所有的学生都起立鼓掌，声震屋宇。

当天的经验令这位检察官学到几项有关沟通的宝贵教训，那就是：开放与信任的气氛对沟通的重要性，以及成功的沟通所带来的价值。他继续努力，现在已成为演说界的名嘴，并且升任为主任检察官。

沟通比权力更重要

　　成功的商人都有一个共识，即在以文化促进变革的过程中，激励员工的积极性和协调员工的行为方式至为关键，这不依赖于权力，而是依赖于有效的沟通。

　　有效的沟通有赖于管理者通过谈话和文字的形式传达公司的核心价值观，通过诸如企业标志物、企业的徽标等加强员工对企业的认识和心灵的依附，从而使之认可企业的奋斗目标，并愿意为之付出不懈的努力。

　　在海尔，言传即通过言谈及文字阐释公司的核心价值观是管理者们与员工沟通、提倡企业文化的一种很重要的方式。海尔的企业精神是追求卓越，总裁张瑞敏从非常实用的角度对"卓越"进行了解释。他在嘉奖海尔优秀员工唐海北时，特别提倡唐海北那种拼命精神。但是拼命也是有讲究的，张瑞敏认为不讲求实效的拼命就不能算是卓越，因为任何没有结果的形式都是无效的，不值得提倡。

　　所以，应该坚持"凡事预则立"的效果论。打个比方，如果平日里就不认真研究如何管理好设备，它就必然会出问题；出了问题再去三天三夜拼命抢修，不但不能表扬，还要追查责任。在海尔的每一个工作岗位都追求卓越才能保证海尔的卓越，海尔卓越的目的是为了战胜一切竞争对手，这是学习唐海北的最终目的。

张瑞敏写了一篇名为《海尔精神常青》的散文，文笔优美，阐述了海尔文化的精华，其中谈到海尔的理念、海尔的中国精神、海尔人应当具有怎样的素质、人与物的质量又怎样融汇成海尔"争一流"的文化等。文章这样写道：

从某种意义上说，企业就是人。因此，企业应有灵魂，否则无异于行尸走肉。企业的灵魂是企业的精神。而海尔的成长正是靠了"无私奉献，追求卓越"催人奋进的企业精神，越过一个个坎坷，风雨兼程，向着新的目标。

今天，使我们欣慰的是，唐海北，这个年轻的海尔人在外国专家面前，奏出了新时代海尔精神的强音符。不是吗？把外国专家制订停产两周进行无氟改造的计划缩为三天，其中的艰辛他不知道吗？在目前国际上尚属新技术的设备上动手术，其中的风险他不清楚吗？把涉及机械、电子、化工等门类的技术问题都承揽下来，其间的复杂，他不明白吗？不，作为一名年轻的技术管理人员，他太明白了，但他更清楚的是：海尔，在外国人面前的名字叫中国。

不以最短的时间攻下超级无氟节能大批量生产的难题，我们便无法竞争于国际市场。当时，他也可能想了很多，但毕竟是以一种无畏惧的气概冲了上去，没有一丝犹豫。

唐海北还给新时期的海尔精神作了最好的注解，不仅要敢于拼搏还要善于拼搏，要有精神，有毅力，还要有知识，这才能挟海尔精神之风"冲出国门，叫响海尔"。

对于众多的海尔人来说，"追求卓越"不是一个具体的目标，而是一种永远激励人创造辉煌的精神境界。把"追求卓越"当作企业的灵魂去朝拜，这句话在海尔的生产和销售现场，在对参观者的经验介绍中，在张瑞敏对中层干部的讲话里，在他与媒体的交谈过程中，可谓是无所不在。然而，最值得一提的是，这些关键词汇会出现在海尔员工随身携带的钱夹般大小的小册子中。这本只有20余页的小册子，内容简练而明晰，但却远比咨询顾问撰写的冗长的报告更能体现海尔的竞争战略和经营方式。小册子除了阐述海尔的价值观外，还列举了许多具体的规定，涉及奖励制度、职业纪律甚至员工仪容等多方面的内容。通用电气公司也有类似的做法，其总裁杰克·韦尔奇是这样强调的："在通用，经营信条手册人手一份，存放于皮包或者钱夹里，我们无时无刻不在维护它，倡导它。一旦有人违背了这些信条，那么他们必然会被淘汰，即使他们曾经取得过骄人的成绩。"这样做的意义在于，使员工深刻地认识到，贯彻并维护小册子上的信条，是每一个人的义务。韦尔奇说："一旦你确定了一个简单的坚定的想法，只要你不停地重复它，终会使之变成现实。提炼、坚持、重复——这就是你成功的法宝。持之以恒最终会达到临界值。"优秀的领导人是不知疲倦的宣导者，他们进行大量沟通交流工作，对单条信息多次重复，注意相关的每个人、每个班组，这是卓有成效的领导过程的一个主要部分。

除了发表讲话和撰写文章之外，张瑞敏还善于运用符号的方式鼓动员工。

外形方方正正的海尔中心大厦，大厦大厅中央的圆形图案是张瑞敏设计的，与海尔的方圆标志相呼应。大厦前面矗立着海尔吉祥物——海尔兄弟的雕塑，雕塑的背面镌刻有张瑞敏的文章《海尔是海》。张瑞敏为大厦旁边的湖取名为如意湖，湖畔特意开了"乾泉"、塑了"五龙塔"。张瑞敏专门撰文向员工解释这两项作品的来历、造型和寓意。

《五龙塔记》曰：

"五龙塔"系艺术大师韩美林得意之作，塔高9.6米，全球仅两座，分立于中国和美国，隔洋相望。"五龙塔"是1996年唯一入选百年奥运的中国雕塑，远渡美国亚特兰大，是扬眉崛起于世界东方的"中国龙"。原作仍植根于古文明的沃土上，是昂首冲击国际工业巨子的"海尔龙"。"五龙塔"构思巧妙，塔身与奥运五环、巨型表组合成中国的"中"字，任何角度视之皆然，炎黄情绪跃然眼前。

五龙的搭配独具匠心。四条巨龙怒目向天张，诉说百年沧桑，爪踏磐石，刚毅向四方，呈"见龙在田"之势。顶龙则呈"飞龙在天"之状，与之呼应，远眺太平洋，蓄势腾飞。五龙绝无飘忽，因塔之五环赋予其"更快、更高、更强"的世纪魂；五龙更未沉睡，因塔之巨表分分秒秒在警示："一万年太久，只争朝夕。"

龙之魂，民族魂，涅磐之魂；

中国龙，海尔龙，腾飞之龙。

"乾泉"是一篇说明文，道出了海尔文化之源泉：

乾泉之"乾"源于《易经》"君子终日乾乾"，体现海尔人自强不息、追求卓越之奋斗精神。泉水涌动于八卦形中，生生不息，源源不断，寓意着"道"生万物、从一到无限的古老哲理和创新无止境的海尔文化。

泉水之上的三重环形台阶，寓意着天、地、人。企业的成功，离不开天时、地利、人和。成功的企业更需"道法自然"，天人合一，永葆青春。

"乾泉"为"五龙塔"烘托，与"五龙塔"呼应。

张瑞敏堪称符号沟通大师，海尔的方圆标志有力地传达了它的企业文化理想。根据《海尔企业文化手册》的解释，方圆标志意味着"思方行圆"。

"方块"放在阵中的排头是以它为基础向纵深发展的意思，它代表着海尔的思想、理念、文化，它是一个中心，指导着周边圆点根据市场变化灵活运行。阵中排头的方块和圆点组合，体现了思方行圆的思想，即在工作中要将原则性和灵活性有机地结合起来，以达到预定的目标和效果，同时也有发展无止境的寓意。在使用上，方圆标志已成为海尔的企业标识。

积极有效的沟通技巧

1. 沟通技巧

团队管理的主要职责是管人、理事、领导和协调，贯穿所有职能的核心技能便是沟通。领导者大多对自己的沟通能力感觉良好。然而，这仅仅是自我感觉而已，我们都遇到过与同事产生意见分歧时，难于达成共识的情况；指令下达后，执行起来走样的局面；更多的时候是自己忙得晕头转向，而员工却无所事事；遇到对员工不满的时候情况就更糟，要么大发雷霆，要么干脆冷处理，这些都是因沟通能力欠佳所致。

（1）摆正心态

沟通最首要的是心态问题，必须明确沟通的目的和预期的结果。明白沟通是为了达成共识，形成一加一大于二的局面，不是为了说服谁，更不是为了展示自己的才华与见识。所以，沟通时应本着解决问题的心态。这是一种境界，是一种修炼，只有不断地反思、不断地修正，才能达成目的。

（2）自信的态度

成功的领导者不随波逐流或唯唯诺诺，有自己的想法与作风，很少对别人吼叫、谩骂，甚至连争辩都极为少见。他们对自己了解得相当清楚，并且肯定自己，他们的共同点是自信，这样的人常常是最会沟通的人。

（3）设身处地

领导者在下达一个指令、研讨一个问题、交流一个观点的时候，应更多地从员工、同事的角度考虑问题，多想一想对方的想法和感觉，学会站在对方的角度考虑问题。不同的成长经历、不同职业背景的人，看问题的角度自然不同。作为领导者，要珍视彼此的差异，在差异中求得共同发展。

（4）适当地提示对方

产生矛盾与误会的原因，如果出自于对方的健忘，我们的提示可使对方信守承诺；若是对方有意食言，提示就代表我们并未忘记事情，并且希望对方信守诺言。

（5）有效地直接告诉对方

一位知名的谈判专家与别人分享他成功的谈判经验时说道："我在各个国际商谈场合中，时常会以'我觉得'（说出自己的感受）、'我希望'（说出自己的要求或期望）为开端，结果常会令人极为满意。"其实，这种行为就是直言不讳地告诉对方我们的要求与感受。领导者若能有效地直接告诉员工想要表达的思想，将有助于建立良好的上下级关系。但要切记"三不谈"：时间不恰当不谈；气氛不恰当不谈；对象不恰当不谈。

（6）善用询问与倾听

询问与倾听的行为是用来控制自己，使自己不要为了维护权力而侵犯他人。尤其是在对方退缩、默不作声或欲言又止的时候，可用询问行为引出对方真正的想法，了解对方的立场以及对方的需求、愿望、意见与感受，并且运用积极倾听的方式来诱导对方发表意见，进而对自己产生好感。一位优秀的沟通好手，绝对善于询问以及积极倾听他人的意见与感受。

一个人的成功，20%靠专业知识，40%靠人际关系，另外40%需要观察力的帮助。因此，为了提升领导者的管理水平并获得成功，就必须不断地运用有效的沟通方式和技巧，随时有效地与员工接触沟通。只有这样，才有可能使你的管理事业卓有成效。

2. 达到有效沟通的十条法则

进行沟通一定要以有效为目的。要达到这一目的，应当遵循以下十条法则。

（1）你将怎样办

这五个字是老板可用于听取内部意见的最有力基础。杜邦公司的总裁爱特·伍拉德，大家都知道他经常问员工一句话："如果你处在我的位置，你将怎样办？"有的员工有些创新设想，由于老板们高高在上，他们受传统方式的牵制或出于心理上的障碍不能畅所欲言。如果老板能经常征求员工们的意见，那些障碍就完全消除了。

（2）让我们交谈

许多公司现在采用"集会方式"，每季或每月召集大量员工聚在一起开会。电信界巨头摩托罗拉每季度召开面对面会议，让员工们了解公司最新情况。他们知道有些员工由于胆怯或腼腆不善于在大会发言，就在大会过后再召集一些小型交谈会，名叫"交谈会议"。每次参加的人数不多，却能更有效地取得双向交流的效果。

（3）建立对讲电话组

波士顿超市（前称波士顿鸡店）突出成就的部分原因是他们机智地使用了对讲电话双向联系办法。各级经理都托入到一个组内，通过计算机联网共商店务大事。他们聚在一起及时地修改公司计划、处理分配问题、解决顾客投诉和商讨公司扩散计划、处理分配问题、解决顾客投诉和商讨公司扩散计划。这样，通过高科技传媒技术，波士顿超市内部建立起密切的联系机构。

（4）设立"好主意部"

帮迪商店是一个家庭个人保护用品零售商店，以采用先进和特殊管理方法而闻名。他们在公开交流中成立一个"好主意部"，集中听取员工们改进工作的意见。建议中还有管理部门如何使人类生命更有意义和促使人们精神焕发等设想。

（5）递交不署名的意见

员工们之所以不敢直接或个别向高级行政人员提意见，主要是因为怕受到惩罚或被视作捣蛋鬼和抱怨者被孤立起来。在田纳西州的通用汽车公司萨藤分厂的经理们知道有些员工有意见却不愿反映，所以他们建立了电子通信制度，让员工递送不署名的意见，然后由他们作出及时回答。

（6）举行开放会议

一些公司实行所谓的开放会议。这种会议没有议程，没有计划，也没有预定发言人。这一办法是由哈利森·欧文首创的，他是一位管理顾问。他让所有与会者坐成一圈。任何人如对某一题目感兴趣并愿意带头进行讨论，他就可以走到屋子中央自报姓名并提出讨论题目。题目写在一张图表上并张贴在墙上。将所有提出的题目列成一张表后，每个人可选择自己愿意讨论的题目去参加，也可参加几个会议。来自各个不同部门的员工都有机会参加并讨论他们共同关心的话题。其他还有欧文·康宁玻璃纤维厂和赫纳韦尔厂也是采取这种办法，他们都通过开放会议形式和员工交流，从而促进生产力。

（7）很高兴认识你

埃德·卡特希望尽快和他所有的员工进行交谈。在他正式就任哈柴工程公司芝加哥办事处总裁前，他请30位高层管理人员先完成一个整体调查，作为他进一步深入举行90分钟逐一讨论的基础。他还安排每周邀请10位员工一起吃午餐。这样他在12周内和140个员工都有了有效的交流。

（8）召开周五论坛

在西梅悦里斯公司里，每周五早上9点，100多位管理顾问聚集一起，做三小时的思想交流。受邀请参加的包括有潜力的新员工、当前和未来委托人等。如果你想参加只须遵守一条规定：即你必须积极投入活跃和激动的辩论中去。

（9）新手咨询

公司为了促进交流，应该为新手召开交流会。所有的员工都要参加"新手咨询"活动，每个老员工必须花半天时间向新手辅导他们所有不知道的业务。作为新咨询者，他们必须注意同事们如何进行工作并提出每一个能想象的问题，问一下，为什么和如何进行这项工作。"你为什么要这样做？""你怎么会做这些？"和"你过去是否想过要这样做？"这是一些典型问题。这种简单却有力的方法在打开双向交流通道中是很有效的。

（10）收集改进工作的建议

诺埃尔·戈泰特是法国汽车部件制造商瓦里沃的总裁。他把内部聆听和及时反馈结合在一起改进生产的建议。他个人负责联系2.5万名员工，要他们每年至少提出10条改进工作的建议，每条建议在10天内必须得到管理部门的答复。结果是，公司的许多难题都得到了解决。

和领导沟通的技巧

谈话是加强沟通、联系领导与员工关系的一条重要纽带，因此，作为一个下属，你一定要重视和领导的谈话，把握住谈话的分寸。要把握住与领导谈话的尺度，最好能从以下这几方面入手。

1. 采取主动

作为下属，可以积极主动地与领导交谈，渐渐地消除彼此间可能存在的隔阂，使上级下级关系相处得正常、融洽。当然，这与巴结领导不能相提并论，因为工作上的讨论及打招呼是不可缺少的，这不但能祛除对领导的恐惧感，而且也能使自己的人际关系圆满，工作顺利。

2. 态度不卑不亢

对上级应当尊重，下属应该明白，领导一般都有强过自己的地方，或是才干超群，或是经验丰富。所以，对领导要做到有礼貌、谦逊。但是，绝不要采取卑躬屈膝的态度。绝大多数有见识的领导，对那种一味奉承、随声附和的人，是不会予以重视的。在保持独立人格的前提下，你应采取不卑不亢的态度。在必要的场合，你也不必害怕表示自己的不同观点，只要你是从工作出发，摆事实、讲道理，领导一般是会予以考虑的。

3. 尽力适应领导的语言习惯

作为一名下属，你应该了解领导的个性。他虽然是领导，但他首先是一个人，作为一个人，他有他的性格、爱好，也有他的语言习惯，如有些人性格爽快、干脆，有些人沉默寡言。尤其领导都有一种统治欲和控制欲，任何敢于侵犯其权威地位的行为都有可能受到报复，还有的领导是有奇特癖好和变态心理的人，你必须适应这一点。但是你应该明白，让你去适应他，并不是事事迁就他，不要迷失了自我。

4. 沟通时选择适当的时机

领导一天到晚要考虑的问题很多，你应当根据自己的问题的重要与否，选择适当时机去反映。假如你是为个人琐事，就不要在他正埋头处理事务时去打扰他;如果你不知领导何时有空，不妨先给他写张纸条，写上问题的要点，然后请求与他交谈。或写上你要求面谈的时间、地点请他先约定，这样，领导便可以安排时间了。

5. 事先做好谈话的准备工作

在谈话时，充分了解自己所要说话的要点，简练、扼要、明确地向领导汇报。如果有些问题是需要请示的，自己心中应有两个以上的方案，而且能向上级分析各方案的利弊，这样有利于领导做决断。为此，事先应当周密准备，弄清每个细节，随时可以回答，如果领导同意某一方案，你应尽快将其整理成文字再呈上，以免日后领导又改变了主意，造成不必要的麻烦。

要先替领导考虑提出问题的可行性。有些人明知客观上不存在解决问题的条件，却一定要去找领导，结果造成了不欢而散的结局。

6. 不要向领导汇报没有把握的事情

美国广告大王布鲁贝克年轻时，他所在公司的经理问他："印刷厂把纸送来没有？"

他回答："送过来了，共有5 000令。"

经理问："你数了吗？"

他说："没有，是看到单上这样写的。"

经理冷冷地说："你不能在此工作了，本公司不能要一个连自己也不能替自己作证明的人来工作。"

从此，布鲁贝克得到一个教训:对领导，不要说自己没有把握的事情。

所以说，无论做什么工作，只要是在有两个人以上的地方，就有一个很简单的道理，那就是要搞好彼此间的沟通。

沟通对任何项目或企业的成功，都是非常重要的。要科学地组织、指挥、协调和控制项目或者活动的实施过程，就必须进行信息沟通。沟通对项目的影响往往是潜移默化的，所以，在成功的项目中人们往往感受不到沟通所起的重要作用，在失败项目的痛苦反思中，却最能看出沟通不畅的危害。

没有良好的信息沟通，对项目的发展和人际关系的改善，都会存在着制约作用。很多项目开发中，最普遍的现象是一遍一遍地返工，导致项目的成本一再加大，工期一再拖延，为什么不能一次把事情做好？原因还是沟通不到位。据统计，现代工作中的障碍50%以上都是由于沟通不到位而产生的。

彼特和迈克同时到一个科室上班，两个人都很勤劳，领导交代的事都能及时去做。彼特更为主动，常常领导还没说完，他就急不可待地去干了。迈克总是耐心听取领导的指示，不明白的地方还会不断请示。结果不说大家也会知道，彼特干完的活，常常被要求返工，而迈克却很少有类似现象发生。

彼特的问题出在什么地方呢？就是和领导沟通不到位。沟通不到位，领导会以为你完全领会了他的意思，但是完工以后却非如此，当然会需要返工了。

著名管理学家克劳士比时常提起这样一个故事：

一次工程施工中，师傅们正在紧张地工作着。这时他手头需要一把扳手。他叫身边的小徒弟："去，拿一把扳手。"小徒弟飞奔而去。他等啊等，过了许久，小徒弟才气喘吁吁地跑回来，拿回一把巨大的扳手说："扳手拿来了，真是不好找！"

可师傅发现这并不是他需要的扳手。他生气地说："谁让你拿这么大的扳手呀？"小徒弟没有说话，但是显得很委屈。这时师傅才发现，自己叫徒弟拿扳手的时候，并没有告诉徒弟自己需要多大的扳手，也没有告诉徒弟到哪里去找这样的扳手。自己以为徒弟应该知道这些，可实际上徒弟并不知道。师傅明白了：发生问题的根源在自己，因为他并没有明确告诉徒弟做这件事情的具体要求和途径，太轻信了心领神会。

第二次，师傅明确地告诉徒弟，到某间库房的某个位置，拿一个多大尺码的扳手。这回，没过多久，小徒弟就拿着他想要的扳手回来了。

克劳士比讲这个故事的目的在于告诉人们，要想把事情做对，就要清楚地告诉别人：该做什么，何时去做。在我们给出做某事的标准之前，我们没有理由让别人按照自己头脑中所谓的"对"的标准去做。

第七章
沟通离不开倾听

　　倾听是弄懂所听到的内容的意义，它要求对声音刺激给予注意、解释和记忆。只有你掌握了这些方法，才能让良好的沟通能力为你的成功插上双翼。

倾听是一门学问

说话时，使听众注意力集中，是一门学问。听话时，集中注意力于说话者，更是一门学问。

因为前者是一种才能，后者是一种德行。

这种德行，包含着尊重、体谅与忍耐，并不是人人都能做到的。

即使谈话者所说的内容很差，你也应该尽可能维持风度地听下去。忍耐对你来讲只是一时的，如果你表现出不耐烦，对谈话人的伤害，却可能是永远的。

聆听别人讲话，是一门很大的学问。你要学着去尊重、去容忍、去谅解。也必能因此而获得对方衷心的感激。

克莱斯勒的行政主管李·亚科卡说："一个伟大的公司与一个平庸的公司的区别在于前者拥有倾听客户意见的能力。"

为什么人们不能永远做到积极地去倾听呢？更重要的是，当这种状况出现时我们应该怎么做？

1. 影响倾听的因素

（1）兴趣程度

也许听者感觉谈话的题目很烦人，他们对交谈没兴趣，想干脆结束掉。

（2）注意力不集中

从户外声响到附近有人走动接电话，甚至环境、温度都有可能分散听者的注意力。在家里有可能是电视节目。所有做父母的都会有这样的经验，他们的孩子正专注于特别感兴趣的节目时，甚至听不到父母问他们要不要吃饭或做完功课没有。在驾车过程中，分散注意力的可能是电台广播、交通噪声或亮着警灯、响着警笛的警车。

（3）自我谈话

没能倾听的最常见的原因之一就是自我谈话，或经常被称作自我对白。我肯定你知道有这种情况，你正在听一个人以每分钟200字的速度说话，你的注意力跟上这种语速简直太容易了，于是你开始想别的事。"我赶去上班之前关煤气了没有？""今年我该到哪儿去度假呢？""今晚我做何安排？"自己和自己聊起来话也不少。在这么多自我对白的情况下听别人说话，并没有像我们以为的那样把传来的信息记住。

（4）讲话者的技巧

我们倾听的质量受到传递过程的极大影响，例如使用的语言合适不合适——也许太复杂、太粗糙、太简单，或者是语速的问题——对我们来说也许太快，也许太慢。

也许说话者的语气太单调，我们的注意力被催眠了。还有一种错误在说话者身上常犯：在没有与听者产生相互作用的情况下说话太多。你难道没有做过这种演讲的听众吗？另一个主要问题可能出在不相称的身体语言上。说话者嘴上在说一件事，而他的身体语言却在说完全不同的另一件事。面部表情与话语不协调，动静失衡。

说话者好像不舒服，甚至有可能在撒谎。

（5）等待说话

有没有这种可能，有的人停止倾听只是因为他们想插话？比如，你和朋友晚间外出，在场的人讲了一个笑话，然后就发生了常见的情况，A的笑话引出B的笑话，在这些说话者结束他们的故事之前，你也只能闷头听着，而实际上你是在等待发言的机会。不是这样吗？这就是为什么你在第二天早上甚至想不起前晚听到的最精彩的笑话。

在生意场我们经常与相似的人谈相似的话题。知道谈话会在哪里拐弯。我们知道对我们经常提出的问题，他人会做出怎样的应答。你能做的只是在他们结束说话之前等待说话。

（6）习惯如此

有人就有不倾听的习惯。也许他们是受有这种习惯的父母影响，也许你说的事情他们已经听过了——或者他们以为是听过了。

（7）防御

有时，缺乏倾听也许是出于对所得信息的抵触情绪使防卫机制起了作用。有些处在管理者位置的人偶尔不得不批评手下的工作人员。后者会因为不认可这种批评采用干脆不听的态度，为的是躲避令人不快的信息。

2. 倾听是明智之举

如果我们能让自己养成积极倾听的习惯，那我们将获得极大的益处，我们会变得更受欢迎。大部分人宁愿做说话的人而不是倾听者，他们需要找到一个好的听者。只要我们积极地去听，就会记住更多的人说过的话。积极倾听和提问技巧是劝说别人向我们的立场靠拢的最简便易行的方式，也是影响他人思想和行为的最简便易行的方式。

通过积极倾听我们鼓励他人畅所欲言。在信息高速传递的今天，信息就是力量，鼓励他人畅所欲言就意味着能获取更多的信息。如果我们相信信息就是力量，那么倾听就意味着增添力量。

简单地表示甚至什么也不表示，只要倾注足够的注意力积极地去倾听，就等于向别人致以最大的敬意。当然，这也是记住那些好笑话的最佳途径。记住：有长进的总是好的听者而不是好的说话人。这说明"听"是明智之举。

尤其是在下列情况下，你要注意倾听。

（1）当我们需要对方提供的信息时

这可能发生在我们做说服工作的任何阶段，我们提了一个没有明确答案的问题，他人在回答时道出大量有用的信息。这些信息使我们得以从容运筹去迎合他们的需要和要求。

（2）当某人的谈话对我们来说很重要时，我们需要积极地去倾听。他可能是我们的领导者、部门负责人或主管，也可能是伴侣或孩子。在工作中，发布信息的领导者如果总是因为我们不专心听讲而不得不重复他讲过的每句话，那他必然会觉得受到轻视。

（3）只要是有可能产生误解的时候，我们就特别需要积极地倾听。这可能是因为所谈题目很复杂或对我们来说很新奇，也可能是说话人有我们不熟悉的口音。这些情况下我们更需要认真去听！

（4）当说话者有意无意地在声音里带上感情色彩时，需要我们特别注意。这些感情也许是愤怒、失望、愉快或悲伤。这种时候我们很可能受其情绪的影响而忽略谈话内容。要分清那愤怒是针对我们的还是别人的，或者只是说话人对自己不满意。

所以，简明言之，在有情绪波动、可能产生误解、说话人很重要或我们需要信息时，我们都需要积极地去倾听。

3. 应该怎样倾听

我们越是听得认真并且响应他人，那么对方也就越是乐于倾诉和响应我们。他人说话时我们越是倾注更多的注意力，那么我们说话时对方也就愿意回报更多的注意力。

（1）恰当的比例

让咱们这样来考虑倾听。我们有两只耳朵一张嘴，让咱们按比例来使用它们。你想必知道国际象棋的计时钟是什么样子的，它有两面。为双方弈者记录每走一步棋所用的时间，如果我们用这样一个钟来记录我们在谈话中所占用的时间，对照我们给其他人留了多长时间，我肯定我们会给他人留出更多讲话时间。

如果你在打一个业务电话，也许你可以把谈话录下来，然后回放，用计时钟或秒表计时，这样你就会知道每个人说和听占用的时间。这不是很能说明问题吗？

（2）保持目光接触

在倾听过程保持目光接触永远是值得倡导的。这是向对方表明我们是专心致志的。有的父母会向孩子说："我跟你说话时你要看着我！"这是因为我们想从别人的目光中估量我们所说的话产生何种反应。这并不是说我们要瞪视对方，而只是一般的目光接触。

（3）做笔记

记忆能力是我们最宝贵的特性之一，但我们不能在任何情况下随心所欲地回想起临时需要的一切。做笔记可以说是辅助记忆的最佳手段。在某些情况下，做笔记之前征求对方同意是明智的。如果你希望录音，那是一定要征得对方同意的。

（4）避免打断别人的谈话

当我们对所谈话题十分投入时，或者等不及要说出心中的想法时，很容易养成打断别人谈话的毛病。这非常糟糕，有时我们会因此而大吃苦头。

你会碰到这种情况。在工作中你会跟熟悉的人谈熟悉的话，这很容易犯直接下结论的错误，尤其是在别人的话说到一半时。这是很危险的。应该尽量避免！

（5）做出相应的反应

积极倾听的一个重要事项，是让对方知道我们在听。我们用响应别人所言来做到这一点。也许只需加上"是的"或"我明白"，甚至点点头就够了。你没碰到过这种情况吗？在你打电话时不得不问对方："你还在听吗？"这是不是挺尴尬？也许双方都有责任。你没能抓住对方的注意力，所以对方才没有反应。

我们也需要用身体语言来做出反应。

（6）提出适当的问题

在不得要领的情况下，有时我们却违心地说："是的，我懂了。"没听懂就是没听懂，这没有什么不好说的。而且这样做总是有好的回报。

当然，应该尽量提实质性的问题。谈话中我们往往刚接触某些问题的表层就提出各种问题来。其实，就某一领域的某一话题提问要比东问一句西问一句好得多。比如在商务活动中你会问某人："你们公司有多少分支机构？"他们回答道："十个"。如果你接下来问："你们公司有多少雇员？"就不如问："为什么要有十个呢？"后一个问题引来的答案会把关于这家公司的现状和未来统统提示出来。

沿着第一个问题指示的方向一直问下去，这在获得信息方面是非常有效的，用于自问，会把潜伏在脑海深处的答案发掘出来。

影响倾听的障碍

倾听是一种可以通过训练掌握的技巧。很多人认为听是一种被动的行为，他们很可能会感到烦闷，如果不参与谈话还可能会感到无精打采。善听则不是消极的行为，它是积极的行为。听者对于交谈的投入绝不亚于说话者。人们不真正去听的原因是不愿受外界新信息的影响，他们不愿面对别人对世界的看法。在这些新知识和新感悟的基础上，就必须改变他们自己的观点和已经形成的看法。对很多人而言，他们是不愿意改变他一贯的思维方式的，他们认为回到自己驾轻就熟的东西上总比去实现新的东西要安全稳当得多。但是，我们如果不竭力去听懂他人，是不可能进步，也不可能成为这些人的优秀经理的。以下列出的是影响倾听的效果的九大障碍：

1. 身体不适。太热、过冷、疲倦或头痛都会影响一个人听的能力和他对说话者的注意程度。

2. 扰乱。电话铃声、打字机声、电扇转动的声音等其他一切来自物质环境的声音都可能会打断沟通过程。

3. 心中另有他事。惦记其他的会议、文件或报告都会阻碍听力。

4. 事先已有问题的答案。对别人提出的问题自己已经形成了答案或者总是试图快点止住他们所要提出的问题。这些都会影响你专注地去听。

5. 厌倦。对某个人有厌倦感，因此在他说话之前你已经决定不去听他说了些什么。

6. 总想着自己。心中总是充斥着自己，必然会破坏沟通。

7. 个人对照。总是认为别人在谈论自己，即使并非如此时，也这么认为。

8. 对他人的情感倾向。对某人好恶会分散人的听力。

9. 有选择性地听。仅仅听取一个人所说的话与谈及的问题有关的个人意见或与己相异的观点。这样会影响全面听取一个人的真实意见。

积极听取意味着你必须时常对对方和自己的价值判断提出质疑，尤其是要对自己的价值判断质疑，努力把自己放到说话者的位置上，设身处地地为说话者考虑。

积极听取的第一个重要因素是要听说话者所说的全部意义，而不是断章取义，这被称作是听出"弦外音"来。仅仅听到说话者的说话内容是不够的，说话的感情和语气对他所说的内容的润色也应当毫无遗漏地一一听到。

第二个因素是要对所听到的情感作出反应。仅仅听到说话者所表达的感情是不够的，还应当对说话者的情感作出适当的反应，这样才能使说话者知道他所要表达的内容对方都明白了。有时候，说话者所要表达的感情远比他们所表达的内容重要。正如当有人说"我简直想把这台该死的打字机扔到垃圾堆里！"时，对这句话本身的内容作出任何反应都是荒谬的，而对这句话所表达的情感作出反应才是最重要的。在这种情况下说"你肯定很灰心或肯定累坏了"才是较适合的回答。

善听的第三个因素是注意说话者在传达信息中所使用的所有暗示。这些暗示可能是非语言的也可能是语言的，身体语言、说话的语调以及面部表情均属于这种暗示之列。积极听取是人们可以发展的一种特殊技巧，我们每个人在这方面都有天赋。但是，你首先必须愿意对他人的意见持开放的态度，并且愿意冒自己的观点被这种开放所改变的"危险"。一个能够很好地检验是否认真听了别人说话的方法是，能否把说话者所说的话用自己的话再说一遍，不但要包含他所说的内容，而且要包含字面下所包含的意义。你可以用这样的方法：比如说"你的意思是……"来重述别人的话，自我检测一下。

善听在所有方式的沟通中都是很重要的。不论这种沟通是自下而上、自上而下还是横向的，积极听取总是十分重要的。

请注意，你是否在倾听下属讲话时和聆听经理讲话时表现得一样积极。对很多人而言，作为下属他总是努力去找出他的上司想要什么，需要什么和渴望得到什么，然后他再竭尽全力地去投其所好。而身居高位的上司则很难同样地去弄清他的属下想要什么，需要什么以及渴望什么，他们自己的要求被满足就足够了，而且这种经理对同一级别的人而言是一名好同事。因此请务必开放地、急切地、积极地听取包括你的经理、你的同级以及你的下属在内的所有人的谈话。

总而言之，良好的沟通是实现管理的关键，这既需要有良好的获取信息的能力，也需要有娴熟的发送信息的能力。优秀的经理不论等级，都要去接触每个必要的人，并且认真积极地听取值得听取的东西。

倾听是最有效的说话手段

成功的人大都是学会了怎样去倾听别人的讲话的人。如果我们看一看那些成功者的自传，或听一听与这些成功者关系很密切的人所记述的内容，一定会觉察到他们是怎样让别人说话和怎样静听别人说话的。

有许多去拜访"大人物"的年轻人，常常不懂得他为什么不能使对方得到良好的印象。他们常常被那些大人物认为是很疏忽的人。他们都不注意倾听被拜访人的谈话，只是专心一意地在思索自己下一句将说些什么话，而不竖起耳朵来仔细听对方的话。有些大人物曾经说，他们对于善听者比对于健谈者更为满意。所以，在交谈中学会倾听也是很重要的。

总之，如果你想在交谈中处于主动的一方，就要让对方说话，更要注意听对方说话。这不仅是一种受人敬仰的简易方法，而且还是一种引起别人说话的有效妙策。

那么如何才能成为好听众呢？

想从别人的话里学到东西，就要训练自己的听话技巧。下面让我们来看看能使一个人成为优秀听众的方法。

心无旁骛。应把注意力集中在对方所说的话上，并且在听的时候必须力求完全听懂，然后加以记忆。记忆的技巧有如下三个。

1. 积极参与对方的话题，确实掌握对方所要表达的内容与接下来想说什么。

2. 判断对方所说的话有多少真实性。

3. 一面听一面观察对方的脸色、音量、语气及动作，以便不遗漏话中真正的含义。

此外，记忆对方所说的话时要注意记忆整体而非一些细枝末节。一般而言，相互间没有任何关联的零星琐事未经熟悉必难以记忆。但是，若能以观念串联，则又不难记忆。一个人的注意力集中在A事实与B事实时，就会错过C事实与D事实，反之亦然。若想同时记住A、B、C、D四件事，就应找出其间有联系的意思或观念，将注意力贯注于其中。

如此"沟通"就不再是件苦差事，反而能令你乐在其中了。

说话的艺术也许已不为人所重视，但只要我们多做准备、多花点心思，一定能让这门艺术重新获得大家的肯定。

下行沟通时的倾听的技巧

作为一名员工，有效的听从常常被认为是理所当然的应具备的能力。我们常常把听到和倾听混为一谈。听，主要是对声波振动的获得，倾听则是弄懂所听到的内容的意义，它要求对声音刺激给予注意、解释和记忆。

1. 主动倾听和被动倾听

有效的倾听是积极主动的而非被动的。在被动倾听时，你如同一台录像机一样接收传给你的信息。只有当说话者提供的信息清楚明了、生动有趣从而吸引你的注意力时，你才可能会接受说话者传递的绝大部分信息。而积极地倾听则要求你的投入，使你能够站在说话者的角度上理解信息。因此，积极的倾听是一项辛苦的劳动，你需要集中精力，需要彻底理解说话者所说的内容。运用积极倾听技术听课的学生，一堂50分钟的课下来，会和教师一样疲惫，因为他们在倾听时所投入的精力与教师讲课时投入的精力一样多。

积极的倾听有四项基本要求：①专注；②移情；③接受；④对完整性负责的意愿。

前面提到，人的大脑容量能接受的说话速度，是一般人说话速度的6倍，这使得倾听时大脑有相当的空间闲置未用。积极的倾听者精力非常集中地听说话人所说的内容，并关闭了其他成百上千混杂在一起、容易分散注意力的念头（如金钱、性别、职业、聚会、朋友、待修的轿车等）。那么，在大脑的空闲空间里积极的倾听者在干什么呢？概括和综合所听到的信息，不断把每一个细微的新信息纳入先前的框架中。

移情要求你把自己置身于说话者的位置上。你应努力去理解说话者想表达的含义而不是你想理解的意思。注意，移情要求说话者的知识水平和你的灵活性两项因素。你需要暂停自己的想法与感受，这样可以进一步保证你对所听到的信息的解释符合说话者的本意。

积极的倾听表现为接受，即客观地倾听内容而不作判断。这不是件容易的事情。说话者所说的话常常导致了我们的分心，尤其当我们对其内容存在不同看法时，这是很自然的。当我们听到自己不同意的观点时，会在心里阐述自己的看法并反驳他人所言。显然，这样做时我们会漏掉余下的信息。积极倾听者的挑战就是接受他人所言，而把自己的判断推迟到说话的人说完之后。

积极倾听的最后一项要素是对完整性负责。也就是说，听者要千方百计地从沟通中获得说话者所要表达的信息。达到这一目标最常用的两种技术是，在倾听内容的同时倾听情感以及通过提问来确保理解的正确性。

2. 开发有效的积极倾听技能

纵观积极倾听的文献，我们发现有效的倾听者表现出八种具体行为。在阅读这些行为时，考察一下你自己的倾听实践在多大程度上与此一致。如果你至今尚未使用这些技术，那么从现在开始改进再好不过了。

第一种：目光接触

当你说话时对方却不看你，你的感觉如何？大多数人将其解释为冷漠和不感兴趣。"你用耳朵倾听，他人却通过观察你的眼睛判断你是否在倾听。"这实在有点滑稽。与说话的人进行目光接触可以使你集中精力，减少分心的可能性，并能鼓励说话的人。

第二种：展现赞许性的点头和恰当的面部表情

有效的倾听者会对所听到的表现出兴趣。如何表示？通过非言语信号。赞许性的点头、恰当的面部表情与积极的目光接触相配合，向说话人表明你在认真聆听。

第三种：避免分心的举动或手势

表现出感兴趣的另一做法是避免那些表明思想走神的举动。在倾听时，注意不要进行下面这类活动：看表、心不在焉地翻阅文件、拿着笔乱写乱画等。这会使说话者感觉到你很厌烦或不感兴趣。另外，这也表明你并未集中精力，因而很可能会遗漏一些说话者想传递的信息。

第四种：提问

批判性的倾听者会分析自己所听到的内容，并提出问题。这一行为提供了清晰度，保证了理解，并使说话者知道你在倾听。

第五种：复述

复述，指用自己的话重述说话者所说的内容。有效的倾听者常常使用这样的语句："我听你说的是……"或"你是否是这个意思？"为什么要重述已经说过的话呢？有两个原因：①它是核查你是否认真倾听的最佳监控手段；②它是精确性的控制机械。用自己的语言复述说话者所说的内容并将其反馈给说话的人，可以检验自己理解的准确性。

第六种：避免中间打断说话者

在你做出反应之前先让说话者讲完自己的想法。在说话者说时不要去猜测他的想法，当他说完了你就会知道。

第七种：不要多说

大多数人乐于畅谈自己的想法而不是聆听他人说话。很多人之所以倾听仅仅因为这是能让别人听自己说话的必要付出。尽管说可能更有乐趣而沉默使人不舒服，但我们不可能同时做到听和说。一个好听众知道这个道理并且不会多说。

第八种：使听者与说者的角色顺利转换

对于在报告厅里听讲的学生，可能比较容易在头脑中形成一个有效的倾听结构。为什么呢？因为此时的沟通完全是单向的，教师在说，学生在听。但教师——学生这样的双向固定角色并不典型。大多数工作情境中，听者与说者的角色在不断转换。有效的倾听者能够使说者到听者，以及听者回到说者的角色转换十分流畅。从倾听的角度而言，这意味着全神贯注于说者所表达的内容，即使有机会也不去想自己接下来要说的话。

除了上述所谈到的八种情况外，老板与员工进行积极沟通的同时，还要学会下面这些倾听的技巧。

1. 要有良好的精神状态

在许多情况下，不能认真倾听对方的讲话是由于身体和精神准备得不够，因为倾听是包含身体、感情、智力综合性的活动。在情绪低落和烦躁不安时，倾听效果绝不会太好。

2. 排除外界干扰

在与别人交谈时要排除有碍于倾听的环境因素，如尽量防止别人的无谓打扰及噪声干扰等。

3. 与讲话人建立信任关系

记住，在双方关系紧张的情况下，双方都不会相互真诚地传递宝贵的信息。

4. 明确倾听目的

你对你的倾听目的越明确，就越能够掌握它。事先的准备促使我们积极参与人际交流，你的记忆更加深刻，感受更加丰富。

5. 使用开放性动作

人的身体姿势会暗示出他对谈话的态度。自然开放性的姿态，代表着接受、容纳、尊重与信任。根据达尔文观察，交叉双臂是日常生活中普遍的姿势之一，一般表现出幽雅而富于感染力，使人自信十足。但这常常自然地转变为防卫姿势，当倾听意见的人采取此姿态时，大多是持保留的态度。

6. 及时地用动作和表情给予呼应

用各种对方能理解的动作与表情，表示自己的理解，如微笑、皱眉、迷惑不解等表情，给讲话人提供准确的反馈信息以利其及时调整，还应通过动作与表情，表示自己的感情，表示自己对谈话和谈话者的兴趣。

7. 适当、适度的提问

这有利于你把自己没有听到的或没有听清楚的事情彻底掌握，

同时也有利于讲话人更加有重点的陈述、表达。提问也是一个技巧性很强的方法，应用提问时应注意。

（1）建立在理解的基础上。作为老板，设身处地地理解别人，是必备素质之一，以理解的态度交谈，就能认真倾听，就能诚恳而准确地提出一些双方都能接受的问题，从而更有利于双方的沟通。

（2）注意提问的时机。倾听中提问的时机十分重要，交谈中遇到某种问题未能理解，应在对方充分表达的基础上再提出问题。过早提问会打断对方思路，而且显得十分不礼貌；过晚提问会被认为精神不够集中或者没有理解信息，也会产生误解。

（3）注意提问内容。提问就是为了获得某种信息，问什么内容要在倾听者总目标的控制掌握下，把讲话人的讲话引入自己需要的信息范围。

（4）注意提问的速度。提问时话说得太急，容易使对方感到咄咄逼人，引起负效应；说得太慢，可使对方心里着急，不耐烦。

聆听员工的心声

绝大多数的老板都有强烈的自我主张，这种主张一方面可以帮助你果断、迅速地解决问题，而另一方面也会使你极不易听取别人的意见，一意孤行，从而导致工作上的失利。

在实际工作中，一个好的建议、有创意的想法往往会给公司带来意想不到的巨大利益。经常让员工有反馈意见的机会，是成功的管理者的一个十分明智的做法。要让自己的员工清楚地认识到，你不仅允许，而且鼓励他们提出自己的看法和主张，并且会认真地加以对待。如果你能对不同的意见一直保持宽容的态度，员工们就能比较自由地提出自己的观点，或是对别人的看法进行发挥。实际上，一个人由于知识的局限和看法的片面，会忽视很多具体的问题。有些情况也许你并不重视，但它却可能会对实际工作产生深刻的影响。只有广泛地听取别人的意见、看法，并认真地加以分析，才能避免工作中由于疏漏造成的失误。也只有这样，才能鼓励员工开动脑筋，不断地思索，积极有效地去完成各自的工作。

此外，在日常生活中，注意聆听员工的心声，是团结员工、调动员工工作积极性的最有效的办法。

一个员工如果在失去了干劲、意志消沉时，是绝对无法执行老板交给他的任务的。这时，你只要耐心地去听听造成这种现状的原因，就会找出事情的症结，从而得到很好的解决办法。

对待犯错误的员工，好的老板同样采用聆听的办法，不是一味地去责怪他们，而是给他们解释的机会。就拿常见的迟到来说，迟到了一两分钟是否应该责骂？一年中偶尔迟到一两次也要教训吗？因生病或交通问题而迟到的人，又该如何处置？要处理这种不同的情况是很难的，搞不好，还会招致不良的后果。

那么，该怎么办呢？给他们解释的机会。

"你为什么迟到？"从他的回答你也许可以获得解决的办法。

"因为我忘了设闹钟，所以起得太迟，我以后会小心的。"能够如此坦白的员工，就表示他只是一时疏忽，日后必会改善。因此，不必过于责备。

"最近老觉得很疲倦，晚上睡不好，胃也难受，顺便去医院看一下。"若因为这样的原因而迟到，就已经不是一个简单的规则问题，而是牵涉到健康的管理了。遇到这种情形，作为上司不仅要查出员工身体上的原因，更要注意他的精神困扰，比如：是否由于家庭不和、感情纠纷、通宵打牌或工作上的烦恼。只有明了这些个别的情况之后，你才能对症下药，提出一套处理办法。

遗憾的是，不是所有的员工都会告诉你真实的原因，所以不要尽信他们的回答。在你询问员工时，他们或闷声不响，或心神不定，甚至喟然叹息……对这些反应你都要仔细观察，在观察中你可以猜到真相，然后可以进一步问他是否如此，对方若被你看穿了，就会说："对！实际上就是如此。"然后将他的困难一一说出。

到了这时，事情就好办了。你可以和他共谋对策，以他的意见为主，再从旁协助，问题就能解决。但是老板因过于相信自己的权威和经验，对于员工的过失总是草率诊查，会导致后果不堪设想。

做一个忠实的听众

在你准备开口之前先注意倾听对方的话语，这样会使你掌握主动权，会使你的说话更具感染力。

李明从商店买了一套衣服，很快他就失望了，因为衣服会掉色，把他的衬衣领子染了色。他拿着这件衣服来到商店，找到卖这件衣服的售货员，想说说事情的经过，可没做到。售货员总是打断他的话。

售货员声明说："我们卖了几千套这样的衣服，您是第一个找上门来抱怨衣服质量不好的人。"他的语气似乎表明：您在撒谎，您想诬赖我们，等我给您点厉害看看。

吵得正凶的时候，第二个售货员走了过来说："所有深色礼服开始穿时都会褪色，一点办法都没有。特别是这种价钱的衣服，这种衣服是染过色的。"

李明先生叙述这件事时强调说："我气得差点跳了起来，第一个售货员怀疑我是否诚实，第二个售货员说我买的是二等品。我快气死了。我准备对他们说：你们把这件衣服收下，随便扔到什么地方，见鬼去吧！"正在这时，这个部门的负责人杨波走出来了，他及时制止了这场无休止的争吵。

首先，杨波一句话没说，而是耐心地听李明把话讲完；其次，当李明把话讲完，两位售货员又开始陈述他们的观点时，杨波开始反驳他们，帮李明说话，他不仅指出了李明的领子确实是因为衣服褪色而弄脏的，而且强调说商店不应当出售使顾客不满意的商品。后来，他承认他不知道这套衣服为什么出毛病，并且直接对李明说："您想怎么处理？我一定按照你说的办。"

9分钟前李明还准备把这件可恶的衣服扔给他们，可现在李明回答说："我想听听您的意见。我想知道，这套衣服以后会不会再染脏领子？能否想点什么办法？"杨波建议李明再穿一星期。"如果还不能使您满意，您把它拿来，我们想办法解决。请原谅，给您添了这些麻烦。"他说。

李明满意地离开了商店。7天后，衣服不再掉色了，李明完全相信这家商店了。

堀场雅夫告诉我们：许多人没能给人留下好印象是由于他们不善于注意听对方讲话。他们如此津津有味地讲着，完全不听别人对他讲些什么，许多知名人士都是重视倾听的人，而不是只管说的人。

如果你想让别人听你说，那么首先你应做一个善于倾听别人讲话的人。

要记住：与你谈话的那个人，他对自己的事情比对你的事情更感兴趣。人们都喜欢听自己的声音，当他们希望别人能分享自己的思想、感情以及经验时，就需要听众。这是一种十分微妙的自我陶醉心理：有人愿意听就感到高兴，有人乐意听就觉得感激。因此，在人际交往中，做一名好听众也不失为一个绝妙的方法。

成为一名好的听众在企业界也有很大的功效。譬如说，一名推销员向某位顾客推销时，对顾客提出的种种问题表示关心，顾客就会感到很开心。此时，顾客不仅乐意讲，也愿意听你讲，这是一种互惠的关系，而这种关系就是商业谈判成功的第一步。无论是哪一种顾客，对于肯听自己讲话的人都特别有好感。

一言以蔽之，成为一名好的听众，有助于建立融洽的人际关系，善于倾听等于向成功迈进了一大步。

在生意上，因漏听而导致失败的例子相当多，换言之，漏听所造成的失败几率相当大。因为，如果上级有指示下来时，若没有听清楚或有所误解，事情就无法处理得尽善尽美。没有做到尽善尽美，当然就不能算是成功。因此，你应当训练自己"听"的能力，努力使自己不致因发生听觉上的错误而导致失败。如果你目前还不具备这种能力，现在开始培养，也不算太迟。

也许有人认为这是杞人忧天，但会听的确是人们必须具备的素质之一，缺乏这种能力就容易误解或漏听别人所说的话，也无法从别人身上学到东西。缺乏听话能力会使你在攀登成功阶梯时倍感吃力。

"精神图书馆"书架上的书愈多，就愈表示一个人达到成功的能力愈大。而获得新知最快的方法就是聆听别人说话。因而我们要用心倾听对方的话。

我们没有必要把技巧想象得那么难。那么，怎样才能掌握建立良好人际关系所必需的交流技巧呢？在和不熟悉的人交谈时，最重要的是要有与人交流的渴求，愿意与对方交谈，并且在交谈时态度真诚自然,不能表现得过分亲热。当对对方所说的内容不了解时,要这样说:"这好像是个挺有趣的话题,我不太了解,你讲给我听听吧!"不得不懂装懂地跟着瞎侃,那样的话,谈话就很难进行下去了。

与人交谈时,作为听者能感兴趣地听是非常重要的。只要能做到感兴趣地听,交谈就会取得90%的成功。在自己作为谈话者时,对方很感兴趣地听你讲话,你当然会愿意继续说下去。所以,使交流取得成功的第一步就是对对方所谈的话题感兴趣并且用心听对方的谈话。

当然,也不能只是听对方的谈话,自己偶尔也要跟着说几句,这一点非常重要。比如对方说:"我对钓鱼很感兴趣。"这时如果能这样说:"我没钓过鱼,但钓鱼一定很有意思吧!"或"您能把钓到的鱼亲手做成菜吗?"这样,对话就可以顺着自己的问话展开,谈话也就得以顺利地进行下去。可是,仅仅如此,还是不够的。

人们的交谈还得按照一定的顺序进行,不是想说什么就说什么,想什么时候说就什么时候说。交谈时说者和听者双方互相配合才能使谈话进行下去。按照说者和听者互换位置的规则,交谈才能够平稳地进行下去。这种规则如交通规则一般,即使没有警察指挥,大家也都会遵守红灯停、绿灯行的规则,否则便会造成交通堵塞。交谈的规则虽然没有交通规则那样明显,但也是被严格遵守着的。

交流是相互的、双向的。在听完对方的谈话后,自己也要说一些自己的话题。比如可以这样说："我有一个亲戚，他是个钓鱼迷……"这样就可以使自己变成说话者，对方变成听者。如此不断互换位置的谈话就好像投接球的练习一样，是交流取得成功的关键所在。

第八章
说话的艺术

对有挑战性的观点应该做出这样的回答:"我不同意你的看法,原因是……"而不应该说"你真无知"。只有如此,才能进行良好的沟通,而不会恶语伤人。

说服员工的技巧

1. 说服他人的基本策略、实用技巧

懂得如何去说服下属，有助于增进彼此间的相互了解，也有助于彼此合作、互助，产生风雨同舟、众志成城的巨大力量。如果对此善加运用的话，一定会形成更加团结互助的团队伙伴关系。

说服是人与人沟通之中一种不可思议的工具，如果你希望能与下属相处融洽，并让他们努力工作，除去要了解如何下达命令，陈述传达的理念、目标和计划之外，还必须学会说服他人的基本策略和一些实用的技巧。

（1）激发兴趣

激发对方的兴趣是成功说服的第一步。比尔·伯恩在其著作《富贵成习》一书中指出："真心诚意对对方和他们讨论的主题有兴趣的人，才有资格称得上优秀的领袖。"

谈话之前，你可以通过各种方式来了解对方的兴趣。每个人都有自己的兴趣、嗜好，若你的话题重点与对方的趣味相合，很快就会消除距离感。因为你的目的是要说服对方，用对方最感兴趣的措辞，提出自己的构想、建议，将有利于达到目的。

要想成为有技巧的沟通者，还必须做好一件事：善于运用你的肢体语言，让对方知道你对他和他所表达的事物兴趣十足。例如，点头、向前倾身、面带微笑等，都是很不错的方法。

（2）动之以情

情绪可以左右人的行为。在一本名为《如何鼓动人们为你效命》的书中，作者罗勃·康克林是这样说的："如果你希望某人为你做某些事，你就必须用感情，而不是用智慧。"

谈智慧可以刺激一个人的思想，而谈感情却能刺激他的行为。如果你想发挥说服力，就必须认真对待一个人的感情问题。康克林提出了"动之以情"的方法。他说："要温和、要有耐心、要有说服力、要有体贴的心。意思就是说，你必须设身处地为他人着想，揣测别人的感觉。"

请铭记在心：不要总是想到自己的见解或观点有好多可取之处。必须先设身处地想一想，假如别人要说服你，你将重视人家会给你什么感觉；如果你知道要什么，你就知道如何着手别人动之以情了。

（3）搔到痒处

说服别人并不仅仅是了解别人的感情而已，你对他的"了解"还无法改变他的思想观念，改变他的态度，赢得他的责任和支持。你必须进一步搔到他的痒处。当你开始陈述你的意见、想法时，就应该抓住与对方切身利益有关的事情。你要说服他，必须直接以他关心的利益来沟通，必须真正了解他需要什么。他如果有困难的话，也要让他知道你将如何诚心去帮助他。

说服别人必须是帮助他们获其所欲，你的说服策略要放在如何发掘、刺激他所渴望、追求的事物上。如何探知对方的欲望，进而刺激其欲望，询问是最简单的一种方法。当你了解他所关心的事物之后，再尽力想办法来满足他。

（4）要有实证

你可以在说服时，巧妙地借助一些视觉器材，如投影机、幻灯片、影片、挂图、模型、样品等道具来强化你的话题。但是，高明的经理都擅长借用官方的统计资料、专家的研究报告、实例等具体的证据来证实其所言不虚。

从上述可以看出，表达是经理最重要的工作形式之一。把表达艺术发挥得恰到好处，是展现个人才华和风采，树立自身形象的重要手段。

说话不仅是一个人口才的表现，也是一个人思想、个性和智慧的表露。管理者与人交流时，在真情流露的基础上，也必须有才华的张扬，有个性的显露。没有才华的谈话是浅薄的、庸俗的；没有个性的谈话是枯燥的、乏味的。

才华的获得是一个人长期修养的结果，因此经理除了需要懂得管理和经营之道外，还必须读万卷书、行万里路，以获得足够的知识营养。深邃、哲理、幽默和逻辑性强是对经理表达的要注。能做到这一点，语言的魅力将伴随你一生，会为你的工作带来意想不到的好处。

优秀的经理往往是一个语言艺术家，出色的表达技巧可以帮助你更好地解决管理问题。

爱罗斯·海默在《世界经理人文摘》上为我们举了这么一个例子：在一次工作会议结束后，一些员工一边收拾东西，一边闲聊，他不经意地听到他们的对话。

其中一个员工说："你是斗不过人事部的，他们总会找些理由让你的医疗费报不了。"另一个说："是吗？我不知道这回事，我还没有报销过医疗费呢。"

他很遗憾地听到企业的老员工把一种消极的态度传递给了新员工。根据他的经验，报销医疗费本身是件很复杂的事，人事部并没有故意找碴使事情难办。事实上，起因通常是员工自己没有提供足够的信息，或者没有及时交上报销单据才使事情变得麻烦的，员工却把自己的错误归咎到人事部头上。那么，你该怎么做呢？

员工的消极对话会影响士气和工作态度，一旦这种消极的情绪传播开来，将使你激发员工积极性的努力功亏一篑，所以每个经理人都应该认真对待这个问题。

在上述例子中那个发牢骚的员工觉得自己是"受害者"，并把这种"受害"情绪传递给他人。你不希望如此，因为这样会让别的员工泄气。

2. 识别四种有关的"带情绪的谈话"

为了对付消极谈话的潜在危险，识别四种有关的"带情绪的谈话"是有益的。如果你能认清这些消极方式，并把它转化成积极方式，就会鼓起你的员工的工作干劲。

（1）变消极为积极

这种消极谈话主要使我们下意识地受到限制和约束，要解决这个问题就要想法绕开约束或者干脆摆脱它们。

当你碰到障碍时，是想办法绕过去还是放弃，关键在于你对这个障碍是怎么想和怎么表述的，比如说：你要求员工将一份长篇报告复印许多份，明天一早送到相关人员手里。还剩半个小时取邮包的人就要来，偏偏复印机又坏了，办公大楼内其他复印机也不能正常工作，那该怎么办呢？

你不想让员工和其他人消极地对待困难，应该说"把这个报告送出去有点困难，我想知道有什么方法可以克服这个困难？"

为了确保员工能积极回应，你所说的每句话都应该朝积极的方向努力。当你听到有人说"干不了"，你应该把他们向"能做到"的积极方向引导。比如，你可以建议扫描后把报告打印出来，或者通过电子邮件把报告发给收件人。也就是说，积极地寻找替代方案的关键在于积极思考，而积极思考往往能产生新点子，这样就不会导致员工放弃，而是让他们在现有条件下想办法。

（2）变狭隘为开放

狭隘指的是当你遇到困难时，认为只有一种或少数几种方法解决。狭隘的表述，使你先入为主，从而禁锢你的思想。

为了避免消极对话，你经常需要把对话转向积极的、创新的讨论。这样有助于员工开放思想，不钻牛角尖。

假如你听到一个经理抱怨他的员工，不满意这个员工的工作表现。这位经理很沮丧，觉得这个员工自己不想努力，他说："我不知道该怎么做，我可以炒他鱿鱼或者听之任之，但我真的不愿意这样做。"

如果你让他只在前面两个方案中选择，这个经理就不能有效地解决这个问题。你可以说一些简单的道理："既然你不想采用以上两种办法，那么你可以想想别的办法，比如说让他把工作做好。"
你的建议也许并不合适，但提醒了这个经理还有许多选择。

（3）变责备为理解

这种消极的谈话方式在企业里表达为"追究责任"。不管什么时候，你听到人们评价、责备自己或他人时，你应该立即把这种消极的对话转向积极的对话。你可以敦促人们更广泛地了解事情的来龙去脉，从而达到目的。

当有人做了"错事"或"坏事"，或犯了错误，如果你真的想从中吸取经验教训，应该问为什么会发生这件事，而不是去追究责任。当你找到了"为什么"，而不是找到是"谁"干的，你就会了解事情的起因，做出调整，避免将来再犯错。

（4）变对抗为合作

对抗影响士气，让人们相互谴责，把精力耗费在扩大分歧上，而不是群策群力，共图大业。况且，感情上的伤害还会妨碍工作中的相互合作。

你应该怎么处理这种对抗性的消极谈话呢？对策就是，鼓励人们问一问别人为什么要这么做，而不是告诉他应该怎么做。

为了消除对抗，你应该运用理解。只要理解了别人为什么那样做，你就不会做出愤怒的反应，而是建设性地沟通以化解矛盾。

与员工说话的技巧

有些时候，老板的讲话方式会使员工很不愉快。这是造成彼此对立的一个原因。因此，老板要对此特别注意。

老板不应当仅仅看到员工的工作情况和成绩，还应当了解他们内心的烦恼。因此，老板讲话时要极为慎重，注意不要伤害员工的感情。

老板的讲话与提问的方式是极为重要的。如果掌握不好的话，就可能使员工与你产生对立。

老板可以通过经常鼓励员工以积极工作的方式来消除彼此间的对立。而且，这样做还能让员工全部发挥出自己的能力来，从而为公司培养出优秀的人才。

我们要知道，老板与员工谈话的方式与内容同等重要。用粗声粗气或不愉快的语气传递信息时听者所接收到的几乎总是情绪性的。由此领导可以预料到听者也会以同样的方式做出反应。当你以这种方式讲话时，听者必定对你想传达给他的信息感到不快。

语调与行为举止是重要的沟通工具。指令必须传达得准确果断。对指令的执行必须毫无疑问。在传达指示时，员工应该得到一个全面的解释，要坦率，要允许提问，要聆听不同意见，不要以自己的资格而自以为是。认真思考来自员工那里的任何有意义的修改意见，以获得更理想的结果。

在传达口头指示时，领导还必须事先预料到下属可能做出的反应。他们会提出什么反对意见？如何回答这些反对意见？如何把无聊的抱怨与合理的关心区分开来？是否某个人比别人的抱怨更多？如何让这个人在会议中处于"中立状态"？

对领导来说，试图向员工灌输团队精神也很重要。在对新职工做总结时使用"我们"而不是"你"的称谓。向员工征求如何实现目标的建议。领导可以通过亲自去做一些没有人愿意干的工作来表明自己对变革的积极态度。

在传递口头信息时应该考虑的一项重要因素是，到底应该在什么地方传递信息？领导办公室是传递信息的最安全场所，这里是领导权威的最强象征。领导者选择办公室作为交谈地点是十分恰当的，新的指示、程序的变化、需要解决的问题以及对员工进行的批评都可以在办公室交谈。

有时，领导到员工的办公桌前或办公室里交谈更为恰当。比如，员工可能拥有进行讨论的数据和资料，领导不希望打断员工的工作。如果你希望表扬员工或对他表现出特殊的认可，到下属的办公室里或办公桌前驻足交谈是最好的办法。

如果领导希望与员工相互之间的交流显得更随意。在大厅或饭厅里碰到员工，也可以向他下达自己的信息或指令，就好像一切均在不经意的时候发生的。

当需要向很多员工传达指示或指令时，就需要使用会议室了。在工作区域之外举行会议意味着不希望受到干扰。所以我们就要注意谈话中最适宜的几种方式。

第一种：选择适宜的时机

批评下属是每个领导的重要课题。如何在适当时机提出中肯的批评呢？

1. 批评需要一定的前提。首先，批评和接受批评的双方应该以足够的信任为基础，如果无法取得对方的信任，即使所持的见解确实言之有物，见解精辟，却依然无法令对方折服。其次，批评者必须有纯正的动机和建设性的意见，在批评之前先要确定自己的言行是否有助于对方，而且确能发挥实际效用。有许多批评，经常以"我只是想帮助你"为由，事实上却为了一己之私。第三，你和被批评的对象之间有足够的关系，构成批评的理由，而你又有足够的时间分析自己的看法。

真理并不是任何人所能垄断或独占的，当我们观察别人时，总免不了以个人有限的经验和自己的需求作衡量尺度，难免失之偏颇，最好的办法就是在提出批评之前，先请教第三方，使你的言论更能切合实际，合乎客观。

2. 时机必须适当。当一个人心平气和较能以客观立场发言时，就是批评的适当时机。假若你心中充满不平，随时可能大发脾气，那么最好先让自己冷静下来，因为过分情绪化的表现，不仅无济于事，反而有害。

掌握事情发生的时效，在人们记忆犹新之时提出批评。假如你在事情发生几个月以后才提出来，这时人们的记忆已经模糊，你的批评反而容易使对方留下"偏颇不公"的印象。

除了个人的心理状况外，也要把对方的心理状况考虑在内。你应该在对方事先已有心理准备、并且愿意聆听的情况下提出批评。假若对方情绪低落，那么就等到他恢复冷静时再说出你的看法。假若对方向你寻求帮助时，你也应该尽可能把事实告诉他。

第二种：用词要恰当

"你是骗子""你太没有信用"等话会刺伤对方。只要评论事实即可，即使是对方没有信用也不能如此当面斥责。此外，千万不要否定部属的将来。"你这人以后不会有多大出息""你这样做没有人敢娶你""你实在不行"……领导是不该说出这样的话的。须以事实为根据，就事说事，就属下目前情形而论，不要否定部属的将来。

应该用具体的事实做例子，最好从最近发生的事情说起，避免做人身攻击。例如开门见山地说："你工作不力。"这类批评容易引起对方的不满，甚至导致冲突；妥当的方法是举出具体的事实说："你的报告，比预计的进度慢了两天。"

第三种：加入适度的赞美

欧美一些企业家主张使用"三明治"批评方法，即在批评别人时，先找出对方长处赞美一番，然后再提批评，而且力图使谈话在友好的气氛中结束，同时再使用一些赞扬的词语。这种两头赞扬、中间批评的方式很像三明治这种中间夹馅儿的食品，故以此为名。用这种方式处理问题，即使在对方不明白的情况下也是比较有效的，其优点就在于由批评者讲对方的长处，起到了替对方辩护的作用。对方的能力、为人、工作是否努力等方面有很多可以肯定的地方，批评者如果视而不见，对方可能会觉得不公平，认为自己多方面的成绩或长期的努力没有得到应有的重视，而一次失误就被抓住，大概是对方专门和自己作对。而批评者首先赞扬对方，就是避免对方的误会，表明领导对他的工作的承认，使他知道批评是对具体事而不是对人的，自然也就放弃了用辩解来维护自尊心的做法。

当我们听到别人对我们的某些长处表示赞赏之后，再听到他的批评，心里往往会好受得多。美国麦金尼1896年竞选总统时，也曾采用过这种方法。那时，共和党有一位重要人物替麦金尼写了一篇竞选演说，他自以为写得高明，便大声地念给麦金尼听，语调铿锵，声情并茂。可是，麦金尼听后，却觉得有些观点很不妥当，可能会引起批评的风暴。显然，这篇讲稿不能用。但是，麦金尼把这件事处理得十分巧妙。他说："我的朋友，这是一篇精彩而有力的演说。我听了很兴奋。在许多场合中，这些话都可以说是完全正确的。不过用在目前这种特殊的场合，是不是也很合适呢？我不能不以党的观点来考虑它将带来的影响。请你根据我的提示再写一篇演说稿吧，然后送给我一份副本，怎么样？"

那个重要的人物立刻照办了。此后，这个人在竞选活动中成了一名出色的演说家。

有的领导认为先讲赞扬的话，再批评，带有操纵人的意味，用意过于明显，所以不喜欢用。当然，这种说法也有一定的道理，因为当你将某位下属找来时，刚开始的表扬，他可能根本听不进去，他只是想知道，另一棒会在什么时候打下来——表扬之后有什么坏消息降临。所以在更多的时候，许多领导把表扬放在批评之后，当我们用表扬结束批评时，人们考虑的是自己的行为，而不是你的态度。以下是正确、错误的两种方法：

正确："我相信你会从中得到窍门——只要坚持试一试。"

错误："你最好马上就改进，要不然就别干了。"

在批评结束时对下属表示鼓励，让他把对这次批评的回忆当成是促使他上进的力量，而不是一次意外的打击。此外，还应该让对方知道，虽然他屡次在某件事上处理不当，然而你却尊重他的人格。为了把你的尊重传达给对方，适度的赞美和工作上的认同是必要的，否则光是针对对方的某项缺失提出批评，容易让对方感到不受尊重，因而心怀不平。在这种情况下，我们就很有必要掌握一些谈话方式：

1. 老板与员工产生对立的谈话方式

老板：喂，你最近的表现可太不好啊！

员工：可是我已尽了最大努力了。

老板：努力？我怎么看不出来你在努力。

员工：我难道不是在工作吗？

老板：你怎么能用这种态度说话？

员工：那你要我怎么说呢？

老板：你太自以为是了，这就是你的问题所在。

2. 老板与员工不会产生对立的谈话方式

老板：喂，最近表现的可不太出众啊，这可不像是你的作风。

员工：我已经尽了努力了……

老板：是不是有什么心事？

员工：实际上……（妻子住院了）

老板：是吗！你怎么不早说，家里出了事理应多照顾，要不就先请几天假，好好在家照顾一下病人。

员工：好在已经没有什么大问题了。

老板：噢，那就好。如果有什么困难尽管来找我。

说服的技巧

说服，是通过阐明道理、晓以利害、提出忠告等方式劝解对方，使其放弃错误见解或不正确的态度的一种谈话方式。下属有了问题，常常需要老板做些说服工作，其效果的优劣，取决于老板是否掌握了说服的技巧。

1. 透彻地了解对方是做好说服工作的前提

首先，要了解对方的真实想法，这不是轻而易举就能做到的。譬如有的下属要求调动工作，提出的理由是上下班太远、身体不好等。其真实想法可能是因为老板不重用自己，使自己的才干不能充分发挥。后面的想法因有个人主义之嫌，所以一般人羞于启齿，就一再申诉前面所说的理由，而老板如果不了解他的真实想法，只是针对他提出的表面理由去做说服工作，便难以奏效。那么，怎样才能了解到一个人的真实思想呢？

（1）通过熟悉他的人做些侧面了解。每个人都有自己的知心朋友，平日有什么想不通的事，常常向自己的朋友倾吐。找到了他的知心人，就容易摸到他的思想脉搏。

（2）善于设身处地，反躬自问。例如，对方在单位不受老板重视，不能充分施展自己的才能，待遇也低，而他又是个不甘平庸的人，难免会有许多想法。老板要把自己放在对方的位置上想一想，假如自己也处在这种状况，会有什么想法呢？一旦这样考虑之后，就不难摸到对方的真实思想。

（3）启发对方多讲话。在谈话中，老板应启发和诱导对方多讲话，有意识地提出一些问题让他回答。在无拘无束的交谈中就会"侦察"到对方的真实思想。

除了解谈话对象的真实思想以外，还要了解谈话对象有哪些长处。一个人的长处往往是他最熟悉、最感兴趣的领域。从他的长处和感兴趣的地方入手，不仅容易谈到一块去，而且还可以作为说服他的一个有利条件。如对一个口齿伶俐、善于交际的人，在说服他去做外事工作时，可以说："你在这方面的能力比别人强得多""这是发挥你的专长的好机会"等。这样比光讲一大堆外事工作的重要性和服从组织分配之类的大道理更起作用，同时还能表明老板对他的器重和信任。此外，最好也了解一下对方的性格，因为不同性格的人，对接受他人意见的方式和敏感程度是不一样的。

2. 进行说服时需要掌握的要领

（1）老板要以同志或朋友的身份出现，切莫用家长教训人的口吻与下属谈话，那样会引起对方的反感，影响说服的效果。

（2）要随时掌握对方的心理活动。谈话时要留心观察对方的表情、动作和说话的口气、语调，把握对方的心理变化，以便灵活而有分寸地对他进行说服。

（3）切忌轻率、粗暴地指责对方。说服即规劝和诱导，而不是单纯的批评和训斥。所以要和风细雨，循循善诱，使对方从你亲切的劝诫和诚恳的忠告中受到启迪和教训。任何粗暴斥责都只能适得其反。

（4）善于进行迂回。有的下属在与老板谈话之前，已经有了先入为主的成见，对正面很难说服他。这时就有必要采取迂回的方法，即先从别的事情和道理说起，最后再绕回来，使其在不知不觉中被你说服。

（5）必要时使用暗示的方法。即用婉转的话语，把一些信息巧妙地传达给对方，暗示出对方的不正确态度和意见会带来什么后果，老板和员工是什么看法，听取正确意见会有哪些益处等。这种方法有时会收到意想不到的效果。当然，什么时候、对什么人、需要何种暗示，则要视具体情况灵活掌握。

（6）善于利用资料和数据。资料和数据能增强说服力，比简单地讲些空洞的大道理要好得多。这就要求老板把观点与材料结合起来，把定性分析与定量分析结合起来，使你的规劝更雄辩，更有说服力。

（7）要有韧性，学会等待。老板所要说服的，通常都是坚持不正确意见的人，而一个人的不正确意见不是轻易就能放弃的，需要老板坚持不懈地进行说服。一次不行，再来一次。有的人表面看上去很固执，其实内心并不那么坚定，往往再加一把劲，事情就成功了。

为说服而做好准备

在团体活动中，如果你喜欢让别人出头露面，而自己却静静地坐在那里，做一个感兴趣的旁观者，那么结果是，你无法培养自己的社交能力，赢得团体中其他成员对你的尊重，无法对团体的决定施加影响。既然你同样对团体的最终决策负有责任，无论你态度积极或保持沉默，你都应该贡献你的聪明才智。如果你不敢展示自己的观点或者觉得你的观点不如他人的有价值，那么，你需要认识到破坏性的自我谈话的结果，你应该创造较积极的谈话方式。第一步要意识到你的感情或许是不合理的，那些最担心"每个人将认为我是一个傻瓜，都会耻笑我"的人，一般来说是最有思想和见识的。实际上，往往是那些喜欢喋喋不休的人，他们缺乏自我意识，善于空谈，徒有热情而空无建树。如果你感到忧虑和焦急，那么，你需要迫使自己迈出第一步。万事开头难，随着你不合理的怪念头的减退，以及你自信心的增强，你就能积极地参与到团队的活动中来，为团队的发展作出自己应有的贡献。

1. 增强有效讨论的建议

参与团体的讨论需要与一对一的讨论相似的技能，只不过前者需要你应对更多的参与者。你可以通过以下几点来增强自己有效讨论的能力。

（1）清楚说出提问理由和根据。

（2）认真地聆听他人的意见，努力了解他人的观点，说出你自己的观点。

（3）提一些相关的问题，以便全面地探究所讨论的问题，然后设法去回答问题。

（4）把注意力放在增加了解上，而不要试图不计代价地去证明自己观点的正确性。

作为老板，就是要设定方向、团结员工、密切合作、鼓舞士气。这意味着最终在员工的内心建立起对于组织的理想、远景及由此而来的目标、计划、规章、制度的内在化服从。

这是保证合作成功的基本准则。虽然你可能确信你比其他的参加者更有知识，但更重要的是，你要让他人充分地表达自己的观点，而不要随意打断或表现出不耐烦，做到这一点对于团体正常地发挥功能是很有必要的。也许在某些场合，其他成员不同意你的分析或结论，即使你确信你是正确的，当发生这种情况时，你需要做出必要的妥协和让步。如果做不到这一点，就接受现实，尽你所能阐述自己的观点，力争使他人能够接受。

2. 老板的工作方式

老板将由此有一个自学组织的工作团队，老板的工作方式也就将由注重权力干预转向注重开放沟通，说服人们建立起奉献的工作态度，对于下属员工之间的冲突进行仲裁调解，以及培养人们对其他人的一种平等的合作伙伴的态度，纠正他们在人际交往上的一些问题。

（1）针对性

应针对不同的人来明确任务，确定他们在近期内应实现何种转变，说服他们到底应该做什么及怎么做。如果企业家不为下属树立一个他们认为可以实现的目标，双方就会谈不拢，充其量也只能使他们消极服从。同时还应认识到，任何具有持久效果的转变都是渐进的，想使你的说服工作一蹴而就只会降低你的说服力，而"别人能，为什么你不能"的态度则会使说服者仅有的一点说服力荡然无存。因为，一个只会苛求于人而不理解人的人，人们不会认为他是一个好老板。

（2）系统性

说服人们最终具有奉献精神是一项系统工程，这只有基于企业家本人已被说服，认为人之产生奉献精神必须有一定的环境条件。向别人索要一种奉献精神，对企业家没有任何帮助。

（3）关联性

无论你承认不承认，除了老板能影响员工外，员工们彼此也在相互影响。每一个人内在而隐秘的服从模式是复杂的，应认识到每一个人的背后都有更多的人，每一个人的头脑都与他接触到的不同的人享有某些共同观念，这种老板可能根本无从知晓的交互影响局面，既可能强化老板的说服力，也可能弱化老板的说服力。要对有待说服的对象有更多的了解，要创造服从效应，必须要善于利用这种关联效应。

在如上原则的基础上，形成合理的说服计划，就有可能一步一步地实现说服的目的。循序渐进的说服工作意味着使说服贯穿于老板及交往过程之中，把握一切时机，去影响接受者的态度。

　　还有就是除了提出你自己的观点外，你还应该鼓励其他成员也提出他们的观点。当他人提出自己的观点时，要做出积极的和建设性的反应。毕竟团体是由处于复杂的和充满活力的关系之中的个体构成的。就如在一场球赛中，"没有号码牌，你就无法分辨运动员"一样，一个团体要有效地发挥作用，也需要你识别出谁是"运动员"，他们彼此关系的性质，以及决策权是如何分配的。在一个你不熟悉的新团队中，弄清这些情况是特别重要的，它可以为你提供一个你在其中能说话和问答的"思考环境"。